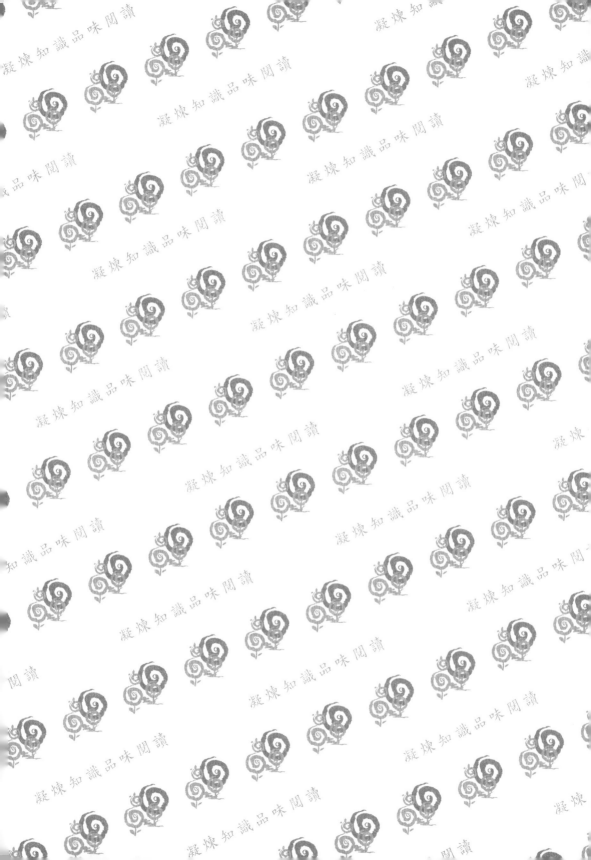

港埠輕鬆讀
★★系列★★

港口管理入門

港埠 ｜ 物流 ｜ 郵輪 ｜ 貨櫃 ｜ 海運運輸

張雅富◎著

五南圖書出版公司 印行

自序

　　全球國際貿易的貨物運輸，主要是藉由海運的運量大、運費相較其他運輸工具低廉特性，讓位居海陸區域相接的港口（碼頭），提供船舶、貨物及船員的停泊、裝卸及整補的適當與安全的處所。

　　今日港口（碼頭與倉庫），隨著貿易型態、運輸科技及港市介面的發展模式改變，在業務上不單是各式貨物裝卸，也有自由貿易港區、國際物流、郵輪觀光等加值服務功能。

　　港口從過去的港對港（Port to Port）運輸到現在的戶對戶（Door to Door），貨櫃（Container）的誕生是運輸方式的一大革命，而網際網路（Internet）及電子資料交換（Electronic Data Interexchange, EDI）等資訊科技應用，又推動電子商務與國際物流的發展；港口的組織也從行政機關轉換成企業組織，中外港口如新加坡、上海、鹿特丹等，在港口管理與國際物流都已轉型，臺灣的國際商港也正努力蛻變中。

　　過去在校園的港口管理介紹，多數為海洋、國際貿易、商船、航運及物流運輸相關科系的附屬選修課程，社會大眾所接觸到也大多為地方文史或休閒（美食）旅遊的報導內容，故當筆者工作之餘應邀在大學授課多年後的感想，深感除了學術性的專業文獻書籍或外界對港口新聞報導管道外，如有一對港口運作介紹較通俗的輔助讀物出版，相信增進民眾對港口作業的認識，進而鼓勵大眾支持及學子加入航運及相關港口行業應有助益。

　　本書內容的安排涉及港口營運作業、物流運輸及發展趨勢等，並輔以相關法規名詞及典故解釋，期望它不是讀者眼中嚴肅「正經八百」教科書，但也不流於一般的訓練上課筆記。對有志進入海運及港口相關行業的讀者或一般民眾閱讀後，希望能協助你提供對港口更親近的認識。

　　本書因於公餘時間撰寫或資料蒐集侷限，內容或引用如有疏漏或誤解之處，仍敬請各界先進不吝給予指正、賜教。

張雅富
2018 年夏於高雄港

目錄

圖目錄

表目錄

第一章 認識港口

1.1 國際及國內商港

　　臺灣的東海岸面向太平洋，有蘇澳及花蓮兩個國際商港；從臺灣東北角由西向南沿著臺灣海峽（Taiwan Strait），有基隆、臺北、臺中、安平及高雄等五個國際商港；另有澎湖港（馬公及龍門尖山碼頭

爲何叫太平洋（Pacific Ocean）

　　葡萄牙航海家菲迪南·麥哲倫（Ferdinand Magellan），西元1519 年由西班牙皇室資助僱用，跨越大西洋尋找經由南美洲到香料島（Spice Islands）的西向航路，他的小船隊 1520 年 11 月經大西洋由南美洲的最南端（後被命名爲麥哲倫海峽）進入未明的水域，由於氣候溫和關係，他將此廣大海洋命名爲太平洋（"pacific" means peaceful）。[1]

---

[1]　National Oceanic and Atmospheric Administration, U.S. Department of Commerce How did the Pacific Ocean get its name? https://oceanservice.noaa.gov/facts/pacific.html

區）及嘉義布袋兩個國內商港。

　　福建省金門縣金門國內商港為一港三港區，包括位於大金門島東南側之料羅港區、西側之水頭港區，以及位於小金門島之九宮港區。另福建省政府並將馬祖福澳港（包括南竿福澳、北竿白沙、西莒青帆、東莒猛澳及東引中柱等五座碼頭）指定為國內商港。

　　商港是有許多公私部門協力進行運作，港口是接納從國內外各型船舶來本國，服務客貨進行裝卸作業，船舶進出港需向航政機關申請許可，船舶需要引水人引航進港口航道及碼頭，而位於港口的燈塔指引船舶航行方向，拖船協助船舶進行調整水面停泊方向及位置。

引水人（Harbor Pilot）是幹啥

　　引水人又俗稱港口領港，每一個港口有引水人辦事處，人員輪流當值負責引領船舶到、離港口時，常搭乘引水船在港口內外水域登輪，協助船長引領船舶，以維護在水道航行及安全泊靠商港的碼頭，因海上氣候瞬息萬變，引水人需有專業航海資格及資歷，工作是具專業、高風險及高報酬特性。[2]

2　United Kingdom Maritime Pilots' Association Career in pilotage
　　http://ukmpa.org/about/career-in-pilotage/

1.2 商港管理相關法令

商港法全文 76 條規定國際及國內商港主管機關為交通部及建設部（將配合行政院組織改造更名），商港之經營管理事項（規劃建設、管理經營、安全及污染防治、船舶貨物裝卸承攬業及船舶理貨業之管理、海難救護、打撈管理及外國商船管制檢查、罰則）、國際及國內商港之管理機關（構）區別等。

1. **商港法**（民國 100 年 12 月 28 日修訂全文公布，101 年 3 月 1 日施行）

第 1 條 商港之規劃、建設、管理、經營、安全及污染防治，依本法之規定。

第 2 條 本法之主管機關為交通及建設部。

商港之經營及管理組織如下：

一、國際商港：由主管機關設國營事業機構經營及管理；管理事項涉及公權力部分，由交通及建設部航港局辦理。

二、國內商港：由航港局或行政院指定之機關經營及管理。

第 3 條 用詞定義

一、商港：指通商船舶出入之港。

二、國際商港：指准許中華民國船舶及非中華民國通商船

舶出入之港。

三、國內商港：指非中華民國船舶，除經主管機關特許或
　　為避難得准其出入外，僅許中華民國船舶出入之港。

四、商港區域：指劃定商港界限以內之水域與為商港建
　　設、開發及營運所必須之陸上地區。

五、商港設施：指在商港區域內，為便利船舶出入、停
　　泊、貨物裝卸、倉儲、駁運作業、服務旅客、港埠觀
　　光、從事自由貿易港區業務之水面、陸上、海底及其
　　他之一切有關設施。

六、專業區：指在商港區域內劃定範圍，供漁業、工業及
　　其他特定用途之區域。

七、商港管制區：指商港區域內由航港局劃定，人員及車
　　輛進出需接受管制之區域。

八、船席：指碼頭、浮筒或其他繫船設施，供船舶停靠之
　　水域。

九、錨地：指供船舶拋錨之水域。

十、危險物品：指依聯合國國際海事組織所定國際海運危
　　險品準則指定之物質。

十一、船舶貨物裝卸承攬業：港區域內利用管道以外方
　　　式，提供機具設備及勞務服務，完成船舶貨物裝
　　　卸、搬運工作而受報酬之事業。

十二、船舶理貨業：指經營船舶裝卸貨物之計數、點交、點收、看艙或貨物整理而受報酬之事業。

十三、商港經營事業機構：指依第二條第二項第一款由主管機關設置之國營事業機構。

第 44 條 第十五條至第二十條、第二十三條至第二十五條、第二十八條至第三十四條、第三十六條至第四十條有關船舶入出港、船舶在港停泊及停航、妨害港區安全行為、港區污染行為、妨礙商港設施、危險物品之裝卸、遇難或避難船舶之管理及船舶修理之管理等港務管理事項之規則，由主管機關定之。

2. 商港港務管理規則（民國 101 年 8 月 22 日修正公布施行）

商港港務管理規則全文 54 條主要規定事項為：船舶入出港、船舶在港停泊及停航、港區安全及污染防治（通則、危險物品之裝卸、遇難或避難船舶、船舶修理）等。

第 1 條 本規則依商港法（以下簡稱本法）第四十四條規定訂定。

第 2 條 本規則所用名詞定義如下：

一、棧埠作業機構：指經營船舶貨物裝卸、倉儲或服務旅客之公民營事業機構。

二、委託人：指委託棧埠作業機構作業之船舶所有人、運送人、貨物託運人或受貨人等。

3. 商港棧埠管理規則（民國 101 年 8 月 22 日廢止）

　　商港棧埠管理規則全文 121 條雖已廢止，但因港口的棧埠為核心業務，原條文部分規定事項（棧埠裝卸及倉棧業務、公私事業機構經營棧設施、船舶貨物裝卸承攬業、拖駁船業、船舶理貨業、旅客服務業等）轉化至商港法、商港港務管理規則、交通部航港局另訂辦法及國營港務公司內部行政規章，作為管理公民營事業機構之依據。

第 2 條　商港之棧埠業務範圍如左：

一、裝卸業務。

二、倉棧業務。

三、拖、駁船業務。

四、船舶理貨業務。

五、旅客服務業務。

第 3 條　本規則所用名詞定義如左：

一、棧埠設施：指商港設施中，有關貨物裝卸、倉儲、駁運作業及服務旅客之設施。

二、棧埠作業機構：指經營棧埠設施之公私事業機構。

三、委託人：委託商港棧埠作業機構作業之船舶所有人、運送人、貨物託運人或受貨人等。

四、危險物品：依聯合國國際海事組織所定國際海運危險品準則指定之物質。

4. 國營港務股份有限公司設置條例（民國 100 年 11 月 9 日制定公布全文，101 年 3 月 1 日施行）

　　國營港務股份有限公司設置條例全文 22 條，係規定原臺灣四個港務局（基隆、臺中、高雄、花蓮）改組合併為政府獨資之國營港務公司及改制後國際商港之經營管理事項（含使用國有財產方式、現職人員留用及退休辦理方式等），原港務局航政、公權力管理事項則劃歸新設置之交通部航港局。

第 1 條　交通及建設部為經營商港，設國營港務股份有限公司（以下簡稱港務公司），其設置依本條例之規定。

　　　　　港務公司由政府獨資經營。

第 2 條　港務公司業務範圍如下：

　　　　　一、商港區域之規劃、建設及經營管理。

　　　　　二、商港區域海運運輸關聯服務之經營及提供。

　　　　　三、自由貿易港區之開發及營運。

　　　　　四、觀光遊憩之開發及經營。

　　　　　五、投資、轉投資或經營國內、外相關事業。

　　　　　六、其他交通及建設部或目的事業主管機關委託及核准之事項。

第 8 條　港務公司需用之不動產，得由政府作價投資，或由航港局以出租、有償、設定地上權方式，提供港務公司開發、興

建、營運及使用收益。屬於公共設施及配合政府政策需要
之動產及不動產，港務公司無償使用。

1.3 工業專用港

　　麥寮工業專用港，係位於雲林離島式基礎工業區之麥寮區，其中
麥寮區之六輕計畫石化工業區係由台塑企業自行進行抽砂塡海造地，
而麥寮工業專用港（簡稱麥寮港）內之專用碼頭，則全爲配合六輕計
畫所興建；並提供該工業區內廠商使用。

　　和平工業專用港，位於花蓮縣秀林鄉和平工業區，爲台灣水泥公
司於和平地區三大投資案之一（水泥廠、電廠及港口）。工業專用港
之設置目的乃係衡量工業區內興辦工業人之經營需要而規劃設置；依
經濟部產業創新條例（民國 99 年 5 月 12 日制定公布）第 57 條「工
業專用港或工業專用碼頭不得供該工業區專用目的以外之使用」之規
定，工業專用港係提供工業區內各使用人依經營所需之專用目的使
用，故工業專用港專供工業區內廠商原物料及成品輸出入之用。

1.4 國際商港與工業專用港之比較

　　工業專用港的管理體制，依其經營管理業務內容可分爲三部
分，爲無涉公權力之實際經營管理業務，由工業專用港公司負責，

拖船（Tug Boat）是拖什麼

　　拖船是船舶在進出港口作業時非常重要的輔助設施，船體雖小但引擎馬力數充足。船舶在水域停靠碼頭浮動水面，不像車輛路邊停車可自行移動作業，船長及引水人需要拖船在船邊進行拖帶、推頂船的動作，使船舶在水面進行轉換方向、靠離碼頭動作，調派拖船船型時需配合申請拖帶的船舶噸位大小，以利有效作業。拖船在建造時也設有消防的設施，緊急時也可支援船舶火警事故。[3]

涉及政府公權力之執行部分則由經濟部工業局管理小組辦理，另航政、海關、港警、檢疫等行政管理業務則由相關機關配合執行。

表 1　國際商港與工業專用港之比較

差異	國際商港	工業專用港
設置目的	以整體性海運貨運需求進行規劃	以服務特定工業區內廠商原物料及成品輸出入之用而設立
服務對象	不特定服務對象之公共事業	為特定服務對象之公共事業

3　What are Tug Boats?
　　https://www.marineinsight.com/types-of-ships/what-are-tug-boats/

差異	國際商港	工業專用港
建港或投資之法源依據	商港法及促進民間參與公共建設法	產業創新條例
投資模式	依商港法：以約定方式興建或租賃經營；依促參法：BOT 模式	由公民營事業投資興建、一定期限之營運權及產權移轉機制之 BOT 模式
管理體制	港務公司負責國際商港之經營管理，航管局航務中心負責港務行政及航政監理等業務	經營管理、港務行政及航政監理分別由民營事業、工業局工業專用港管理小組及航管局負責

1.5 工業專用港相關法令

1. 促進產業升級條例（民國 99 年 5 月 12 日廢止）

第 39 條　工業專用港或工業專用碼頭不得供該工業區專用目的以外之使用。

2. 工業專用港及工業專用碼頭經營管理辦法（民國 99 年 12 月 27 日廢止）

第 3 條　名詞定義

工業專用港區域：指劃定工業專用港界限以內之水域及為工業專用港開發、建設、經營與管理所必須之陸域。

3. 產業創新條例（民國 99 年 5 月 12 日制定公布）

第十章，工業專用港及工業專用碼頭之設置管理

4. **工業專用港或工業專用碼頭規劃興建經營管理辦法**（民國 99 年 10 月 22 日制定公布）

第 1 條　本辦法依產業創新條例第五十八條第五項規定訂定之。

第 3 條　名詞定義

　　　　本辦法所用名詞，定義如下：

　　　　一、工業專用港：指由中央主管機關自行興建及經營管理，或經中央主管機關核准由公民營事業投資興建及經營管理，供該產業園區內使用之港埠設施。

　　　　二、工業專用碼頭：指經中央主管機關自行興建及經營管理，或經中央主管機關核准由公民營事業投資興建及經營管理，供該產業園區內使用之碼頭設施。

　　　　三、專用碼頭：指經中央主管機關核准，由產業園區內興辦工業人於承租之工業專用港內碼頭用地興建及自行使用之碼頭設施。

　　　　四、工業專用港或工業專用碼頭區域：指劃定工業專用港或工業專用碼頭界限以內之水域及為工業專用港或工業專用碼頭開發、建設、經營與管理所必須之陸域。

1.6 漁港不是商港

　　漁港與商港在管理法源與港口作業對象、特性是不相同，漁港主

管機關：在中央為行政院農業委員會；在直轄市為直轄市政府；在縣（市）為縣（市）政府。而商港主管機關：在中央為交通部；國際商港由主管機關設國營事業機構經營及管理；國內商港由航港局或行政院指定之機關經營及管理。漁港為供漁業目的使用，不得從事貿易貨物運輸，有些漁港會與商港在同一水域範圍內，並共用同一航道，如蘇澳港南方澳、臺中港梧棲、高雄港前鎮等。

漁港法（民國95年1月27日修正公布全文28條，並自發布日施行）

第3條　本法用詞，定義如下：

一、漁港：指主要供漁船使用之港。

二、漁港區域：指依第五條所劃定漁港範圍內之水域及漁港建設、開發與漁港設施所需之陸上地區。

三、漁港計畫：指主管機關對漁港區域，依漁業活動及各使用目的所需之建設及土地使用規劃配置。

四、漁港設施：指在漁港區域內之下列設施：

（一）基本設施：指供漁船出入、停泊及安全維護、管理之設施。

（二）公共設施：指供漁獲物拍賣、漁民休憩等非營利目的，提供漁民使用之相關設施。

（三）一般設施：指公用事業設施、相關產業設施及輔助漁港功能之其他必要設施。

漁港法施行細則（民國96年3月15日修正公布全文11條施行，並自發布日施行）

第2條　漁港公共設施及一般設施

公共設施：魚市場、曳船道、上架場、漁具整補場、曬網場、卸魚設備、漁民活動中心、漁民休憩設施等設施。

一般設施：漁業相關產業設施及輔助漁港功能設施：製冰廠、冷凍廠、水產加工廠、修造船廠、漁用機械修護廠、漁網具工廠、魚貨直銷中心、漁會、漁業團體及漁業人之辦公處所等設施。

海上船舶航行的明燈

燈塔（Lighthouse），是位於海岸、港口或河道，用以指引船隻方向的建築物。燈塔大部分都類似塔的形狀，透過塔頂的透鏡系統，將光芒射向海面照明。目前國際燈塔協會（IALA）是一非營利組織，對世界各地的國家或地區進行有關船舶航行安全、指引燈標技術討論。而世界第一座燈塔是約西元前270年設在埃及亞歷山大港（Alexandria）的法魯司島（Pharos）燈塔，後因14世紀後遇上連續的地震而毀壞。[4]

4　交通部航港局燈塔專區
　　https://lighthouse.motcmpb.gov.tw/

港口貨櫃碼頭（Container Terminal, CT）的基本功能[5]

港口的貨櫃碼頭主要作業為船邊、貨物搬運至暫存區、長期儲放及運送至貨主收貨。

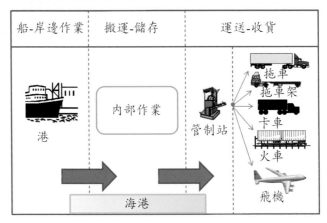

圖1　港口作業功能

港口的分類依方式有不同的定義，有依使用目的如軍港、商港、漁港，有依建造方式如天然港、人工港等，有依位置如海港、河港、江港，有依管理方式如地主港、工具港、營運港等，這都是港口不同面向的描述。

International Association of Lighthouse Authorities, IALA
http://www.iala-aism.org/

[5]　Container Ports, Georgia Tech Panama Logistics Innovation & Research Center
http://logistics.gatech.pa/en/assets/seaports/concepts

有用的網路資源

全國法規資料庫

http://law.moj.gov.tw/Index.aspx

交通部

https://www.motc.gov.tw/ch/index.jsp

交通部運輸研究所

http://www.iot.gov.tw

交通部運輸研究所港灣技術研究中心

https://www.ihmt.gov.tw/

交通部航港局

https://www.motcmpb.gov.tw/

臺灣港務股份有限公司

https://www.twport.com.tw

經濟部工業局麥寮工業專用港管理小組

https://www.moeaidb.gov.tw/iphw/mlharb/index.do?id=10

麥寮工業專用港管理股份有限公司

http://220.130.83.246/

經濟部工業局和平工業專用港管理小組

https://www.moeaidb.gov.tw/iphw/hpharb/index.do?id=20

和平工業區專用港實業股份有限公司

http://www.hpipc.com.tw/Harbor/index.html

福建省金門縣政府港務處

http://web.kinmen.gov.tw/Layout/sub_A/index.aspx?frame=101

福建省連江縣政府港務處

http://www.mtha.gov.tw/main/index.aspx

Port Management Monograph, UNCTAD

http://unctad.org/en/pages/publications/Port-Management-Monograph.aspx

What Are Different Types of Ports For Ships? Marine Insight

https://www.marineinsight.com/ports/what-are-the-various-types-of-ports/

花蓮港的幸福青鳥郵筒

港口不會都是充滿惜別的氣氛，旅客及船員不管上船或下船，相信親人與愛人都會永存在彼此心中的深處，不管船隻會航向世界何方。

～～　天涯傳幸福，心中共嬋娟　～～

第二章　港口作業

2.1 內政部警政署港警總隊港口業務

　　臺灣各商港為集軍、商、漁港於一處，地位極為重要，港警總隊職司港區治安維護，本促進國際貿易航業發展之基礎，依據警察法令，執行查緝走私、偷渡等工作，並以順應全球化趨勢，講求主動管理的思維，預先從戰略（防制威脅於國境外）、戰術（拒止威脅

何謂 CIQS

　　「CIQS」（Customs、Immigration、Quarantine、Security）為海關、移民署、檢疫、海巡署等單位簡稱，是指海關、證照查驗、檢疫及安全的聯合檢查工作，是全球港口與機場皆相當重視的 4 道守護國門關卡，當國外郵輪抵達臺灣國際商港或中國大陸與金門、馬祖的「小三通」直航客輪時，「CIQS」各單位啟動聯合機制，在港口進行維護入出國境線人員與貨物的安全。[1]

---

[1]　內政部警政署航空警察局
http://www.apb.gov.tw/index.php/en/procedures-and-regulations-for-taiwan-taoyuan-international-airport

於國境上）、技術（消弭威脅於國境內）
等三個層次，妥善規劃常態性的國境安全
應變機制，杜絕一切不法活動，確保國境
安全。

　　商港位於國境線管制範圍，貨物及人
員、車船進出均受到管制，以避免影響治安、逃漏稅及民眾健康事件
發生，同時在船舶載運貨物到離港時，亦需要裝卸及理貨公司人員代
理貨主或收貨人進行貨物清點與裝卸作業，這些公私部門是商港運作
的眾多單位之一。

貨櫃安全計畫（CSI）

　　貨櫃安全計畫（Container Security Initiative, CSI）係於美國 911
事件發生後，以美國為首向全世界各大港口提出合作，主要打擊
非法核子武器、生化武器或非法毒品貿易等恐怖分子活動。[2]高雄港
為貨櫃安全計畫全球合作港口之第 38 座，於高雄與基隆等地派有
美國海關邊境保護局官員與臺灣海關共同執行。臺美合作之大港
計畫，大港計畫主要偵測國內進出口貨櫃放射性物質反應，貨櫃
通過港區門哨時即可自動偵測，有否遭受放射性污染及非法核子
武器運輸。

2　U.S. Customs and Border Protection CSI: Container Security Initiative
　　https://www.cbp.gov/border-security/ports-entry/cargo-security/csi/csi-brief

2.2 財政部關務署港口業務

財政部關務署所屬 4 個關區（基隆關、臺北關、臺中關及高雄關），基隆關扼守臺灣北部及東北部國境大門，職司基隆港、花蓮港、和平港、蘇澳港、臺北港、馬祖福澳、白沙港及花蓮機場之旅客

入出境、貨物進出口通關、關稅課徵及其他稅費代徵、保稅及業者管理等事項，並肩負查緝走私任務，以確保國課稅收與維護國家安全。

報關（Customs Declaration）是什麼

報關又稱申報，是指在貨物進出境時，進出口商或其代理人向海關申報，請求辦理貨物進出口手續的行為。報關必須由具有報關資格並經海關註冊登記的報關業辦理。報關業指經營受託辦理進、出口貨物報關納稅等業務之營利事業，報關員工需具專責報關人員考試及格證書或資格測驗合格證書，經發給報關證，才能辦理報關手續。[3]

3　European Commission What is a customs declaration?
　　https://ec.europa.eu/taxation_customs/business/customs-procedures/general-overview/customs-declaration_en

　　臺北關位於臺灣桃園國際機場，並成立松山分關及竹圍分關，主要辦理：

1. 桃園國際機場及臺北松山機場空運進出口貨物通關業務。

2. 桃園國際機場及臺北松山機場出入境旅客行李通關業務。

3. 桃園自由貿易港區業務。

4. 新竹以北及花蓮以北地區保稅工廠、保稅倉庫、物流中心及免稅商店等保稅業務。

5. 新竹科學工業園區保稅業務。

6. 苗栗以北及臺東、花蓮等地區國際郵包進出口通關業務。

7. 快遞貨物通關業務。

8. 外銷品沖退稅業務。

　　臺中關管轄中部國境大門，掌理臺中港、麥寮工業港及中部國際機場之進出口貨物之通關業務，苗栗縣以南、雲林縣以北中部五縣市保稅工廠，臺中、中港加工出口區之保稅業務及中部地區（包括臺中市、彰化縣、南投縣）國際郵包進出口通關業務，查緝範圍為苗栗縣以南、雲林縣以北中部五縣市陸上及臺中港、麥寮港區內海域，肩負關稅稽徵、查緝走私等任務。

　　高雄關業務轄區遼闊，包括嘉義縣以南之嘉義、臺南、高雄、屏東、臺東諸縣市、澎湖列島及金門地區，區內有嘉南平原、高屏（農）工業區、工商業重鎮——高雄市、高雄港及高雄國際機場。業務項目齊全，包括海運、空運客貨進出口、查緝、保稅、加工出口

區、科學工業園區、自由貿易港區、郵包、物流等項。

2.3 內政部移民署國境事務大隊查驗業務

移民署國境事務大隊職司我國各機場、港口旅客入出國境之安全管理工作，所轄國際及兩岸直航機場、港口分布於松山、桃園、臺中、高雄、花蓮、臺東、澎湖、金門、臺南及嘉義等 10 座機場，以及基隆、臺北、蘇澳、花蓮、和平、臺中、麥寮、高雄、金門水頭、料羅、馬祖福澳、白沙、安平、馬公及布袋等 15 座港口。主要任務在旅客證照查驗、防止不法人士持用偽（變）造及冒領（用）護照或證件非法闖關偷渡，肩負國境安全之重責大任，並兼顧為民服務與效率，使進出臺灣之旅客都能感受高品質之通關服務，形塑國家良好形象。

2.4 衛生福利部疾病管制署檢疫業務

1. 國際港埠航空器、船舶檢疫措施及工作人員（含船員）、旅客等港埠傳染病衛教宣導事項。

2. 辦理各項檢疫規費徵收、檢疫憑證簽發事項及國際預防接種暨簽發國際預防接種證明書與疫苗儲存管理事項。

3. 國際港埠港區衛生管理與管制作業暨入出境屍體查驗、簽證事項；及感染性生物材料輸出入申請審查行政作業。

4. 國際港埠衛生安全小組運作及相關業務協調事項。

2.5 海洋委員會海巡署業務

配合行政院組織調整於民國 107 年 4 月 28 日成立海洋委員會，「行政院海岸巡防署」改隸為「海洋委員會海巡署」，持續執行海域及海岸巡防執法工作。海巡署職掌：

1. 海岸管制區之管制及安全維護事項。

2. 入出港船舶或其他水上運輸工具之安全檢查事項。

3. 海域、海岸、河口與非通商口岸之查緝走私、防止非法入出國、執行通商口岸人員之安全檢查及其他犯罪調查事項。

4. 海域及海岸巡防涉外事務之協調、調查及處理事項。

5. 走私情報之蒐集，滲透及安全情報之調查處理事項。

6. 海洋事務研究發展事項。

7. 執行事項：

（1）海上交通秩序之管制及維護事項。

（2）海上救難、海洋災害救護及海上糾紛之處理事項。

（3）漁業巡護及漁業資源之維護事項。

（4）海洋環境保護及保育事項。

8. 其他有關海岸巡防之事項。

　　有關海域及海岸巡防國家安全情報部分，應受國家安全局之指導、協調及支援。

2.6 商港貨物裝卸與理貨作業

　　在國際商港與國內商港的作業另有一項重要角色，即船舶受貨主託運送貨物在港口碼頭進行作業時，由裝卸承攬業人員運用機械或人力進行貨物的整理與吊裝船上、吊卸碼頭及碼頭後線倉庫進出倉作業。另理貨業係受貨主或收貨人委託，在碼頭或倉間進行貨物清點、點收、點交及分類、識別等工作，兩者工作內容是港口作業非常重要的項目。

船舶貨物裝卸承攬業及船舶理貨業管理規則

第3條　於商港區域內，申請經營船舶貨物裝卸承攬業者，應符合下列最低基準：

一、實收資本額：國際商港為新臺幣二千萬元；國內商港為新臺幣八百萬元。

二、裝卸搬運工人人數：國際商港為四十八人；國內商港為十二人。

三、作業機具：國際商港貨櫃作業為橋式起重機二臺，門型吊運機或跨載機二臺，堆高機一臺，經度量衡機關檢定合格之五十噸以上地磅一臺；散雜貨作業為堆高機四臺。國內商港為堆高機二臺。

國際商港機械化一貫作業專用碼頭及國內航線專用碼頭，申請經營船舶貨物裝卸承攬業之實收資本額及裝卸搬運工人人數，準用前項國內商港基準，惟作業機具得依實際作業需要備置。

第 4 條 申請經營船舶貨物裝卸承攬業，除符合前條規定之最低基準外，應與商港經營事業機構、航港局或行政院指定之機關（以下簡稱指定機關）合作興建或租賃經營專用碼頭，或與專用碼頭經營業者訂定船舶貨物裝卸承攬契約。

前項情形，於未開放租賃經營之碼頭，申請人應與商港經營事業機構、航港局或指定機關合作興建或租賃經營碼頭後線倉儲設施。

第一項每座專用碼頭或第二項碼頭後線倉儲設施之船舶貨物裝卸承攬業以一家經營為限，不得越區作業。但國內商港於未開放租賃經營之碼頭貨源規模不足，經航港局或指定機關同意者，不在此限。

第 12 條　船舶理貨業務範圍如下：

一、散雜貨及貨櫃之計數、點交、點收。

二、船舶裝卸貨物時之看艙。

三、雜貨包裝狀況之檢視。

四、散雜貨標識分類、貨櫃櫃號識別及配合海關關務作業
　　等相關理貨業務。

　　港口的安全及正常營運，是相關單位依法分工合作，商港因船

何謂碼頭工會（Longshore Union）

　　美國西岸港口的碼頭工會從 19 世紀初即有長遠的成立歷史，主要為爭取碼頭裝卸工人合理的福利薪資及安全的勞動條件，過去曾數次聯合美國西岸主要港口工人進行碼頭裝卸作業罷工活動，以爭取資方提供較好勞動條件，造成船舶進港後嚴重滯港現象，港口貨物交提貨及運輸停滯現象。[4] 臺灣早期的碼頭工人不屬於港務局公務人員，也非裝卸公司員工，但是他們擁有強而有力的職業工會，工作由工會分派，如碼頭工人的世襲更是由工會決定的制度。在民國 87 年碼頭工人僱用制度改制完成，港口棧埠裝卸作業開放民營。

4　International Longshore and Warehouse Union (ILWU)
　　https://www.ilwu.org/

貨及人員來往世界各地，為避免動植物疫情傳染、不法人士偷渡及貨物、逃漏稅、走私等，由政府在港口派駐人員進行國境線的防護。港口的船舶貨物裝卸及分類檢視，由貨主或船公司委託港口船舶貨物承攬及理貨公司作業，在以往由人力或獸力進行貨物的裝卸及拖運，因此碼頭工人（俗稱苦力）對臺灣港口早期外貿發展貢獻良多，現在科技進步，碼頭作業已運用電力、機械化及資訊化機具，對節省碼頭派遣人力、保護勞工安全及提高船舶作業效率，已大幅進步。

有用的網路資源

內政部警政署高雄港務警察總隊
http://www.khpb.gov.tw/

內政部警政署基隆港務警察總隊
http://www.klhpb.gov.tw/default_page.asp

內政部警政署臺中港務警察總隊
http://www.thpb.gov.tw/

內政部警政署花蓮港務警察總隊
http://www.hlhpd.gov.tw/default_page.asp

海洋委員會海巡署

https://www.cga.gov.tw/GipOpen/wSite/mp?mp=999

內政部移民署國境事務大隊

https://servicestation.immigration.gov.tw/mp.asp?mp=bwc

財政部關務署高雄關

https://kaohsiung.customs.gov.tw/

財政部關務署基隆關

https://keelung.customs.gov.tw/

財政部關務署臺中關

https://taichung.customs.gov.tw/

財政部關務署臺北關

https://taipei.customs.gov.tw/

衛生福利部疾病管制署

https://www.cdc.gov.tw/rwd/

高雄港

每當船舶進港時，船上的遊子近鄉情怯，是對故鄉家人的思念、是對貨主安全運送貨載的承諾。也許，對其他來自異鄉的船舶，這只是航程的一段插曲，客貨的轉運地點，但港口仍熱烈歡迎。

～～ 歡迎平安到港 ～～

第三章　港口管理

3.1 港口的分類

　　港口一般而言，它是運輸網路的水陸樞紐，可提供貨物的集散

什麼是國際港埠協會（IAPH）

　　國際港埠協會（International Association of Ports and Harbors, IAPH）於 1955 年 11 月 7 日在洛杉磯，由來自 38 個港口約 100 名代表以及 14 個國家的海事組織共同成立，其總部設置於日本東京，2022 年現已有 160 個港口及 87 個國家的 120 個港口相關組織加入，這些港口占有全球 60% 海運貨運量及 60% 貨櫃量，IAPH 其主要目標為建立各國港口之間的良好互動關係，並每兩年舉辦研討會以作為分享港口管理運作最新趨勢的平台，它是非營利及非政府組織，同時也是聯合國諮詢港口產業的代表發言組織，臺灣國際港口也有加入此協會。[1]

1　International Association of Port and Harbor
　　http://www.iaphworldports.org/

疏運、船舶與其他運輸工具的貨物銜接轉運，也是提供船靠泊、旅客上下船、貨物裝卸、儲存、駁運及其他加工製造等業務，並劃定明確的水域及陸域範圍。港口的發展與貿易息息相關，它與港口城市的產業經濟型態會影響生產、服務等的就業機會。

表 2　港口性質分類

種類	說明	案例港口
依規劃用途分：		
商港	提供國內外貿易運輸	高雄、布袋
工業港	工業區原物料及製品	麥寮、和平
漁港	運輸水產品	南方澳、梧棲
軍港	專供軍事用途	左營
遊艇港	娛樂、觀光用途	後壁湖
依天然地理分：		
海港	位於海岸線上	基隆、花蓮
河港	位於河流上	重慶、南京
河口港	河流交會處或入海口	上海、鹿特丹
湖港	位於湖泊上	芝加哥
依工程開發分：		
天然港	天然地形屏蔽而	蘇澳、安平
人工港	由人工開闢	臺中
依運輸功能分：		
集貨港	短程航線匯集	馬尼拉

種類	說明	案例港口
轉運港	長短程航線匯集	香港、釜山
腹地港	幹線起訖點	上海、新加坡
陸地港	位於內陸保稅區	西安

3.2 港口的作用

　　港口的經濟地位與發展層次隨著社會發展條件不斷的演變，聯合國貿易及發展會議（UNCTAD）於 1992 年及後續 1999 年的研究報告[2]，把港口的發展演變分爲四個年代。

1. 第一代港口：是指 1950 年以前的港口，其功能爲海運貨物的轉運、臨時儲存及貨物的收發，港口是運輸樞紐的中心。

2. 第二代港口：是指 20 世紀 50～80 年代港口，除具有第一代港口功能外，又增加使貨物加值的工業、商業功能，港口成爲裝卸及服務中心。

---

[2] (1) Port marketing and the challenge of the third generation port (TD/B/C.4/AC.7/14)

　　http://unctad.org/en/PublicationsLibrary/tdc4ac7_d14_en.pdf

(2) Technical note: Fourth-generation port(Ports Newsletter No 19)

　　http://unctad.org/en/docs/posdtetibm15.en.pdf

(3) The evolution of sea transport: the 4th generation ports

　　https://treball.barcelonactiva.cat/porta22/images/en/Barcelona_treball_Capsula_Sectorial_Transport_maritim_nov2012_en_tcm43-22791.pdf

3. 第三代港口：主要產生於 80 年代以後，除具有第一代、第二代港口功能外，更增加與所在城市及客戶的聯繫，使港口的服務超過原有的界線，增加貿易、運輸的資訊服務、貨物的配送等綜合服務，使港口成為貿易的物流中心。

4. 第四代港口：是指在 20 世紀末港口的營運管理模式變化，除具有第一代、第二代、第三代港口功能外，更增加解除營運資格及地理範圍的限制，跨國經營碼頭業更盛大，公民營合資經營碼頭成為潮流，政府解除港口的經營限制，港口成為全球的航運物流一環。

　　貨物運輸在港口發生的費用具有相當的比例，距離愈短在總運輸成本比例就愈高，高效率的港口貨物裝卸可降低物流總成本，降低貨品銷售價格，使進口商品受益，也使出口商品具有競爭力，對社會及民眾帶來經濟效益。

　　港口同時也是重要工業生產的場所，提供更多勞動就業機會，將原料製造生產後提高附加經濟價值。港口與鄰近工業區結合後，可以提升貨物運輸、儲存及加工的效率，臨港的工業區經碼頭輸入原料加工後，即可經過碼頭再出口，如高雄或臺中港周邊即有臨港的工業區。

　　現代物流強調在運輸配送的環節，對買、受人及提供服務第三方等，從運輸、裝卸、倉儲、配送、加工及資訊服務進行全面整合，港口具有運輸方式作業場所及地理位置優勢，例如歐洲荷蘭鹿特丹港或

德國漢堡港設置物流園區，提供跨國生產的企業進行物流配送作業。

什麼是大英港口協會（BPA）

大英港口協會（British Ports Association, BPA）成立於 1992 年，代表英國 100 個會員，對港口相關組織、英國政府、歐盟及相關國際組織表達關注利益，其會員由港口、碼頭營運業及港口工廠等，不分其規模、位置及性質，協會皆廣泛提出會員所關心利益的經驗與技術。在英國每年約 95% 的貨物、2500 萬國際旅客是透過港口運送。港口設施投資，不論是客貨輪、貨櫃及離岸能源，都是維持英國對外貿易競爭力的重要關鍵因素。[3]

3.3 港口運輸型式

港口是提供船舶泊靠及客貨運送的處所，主要是水路運輸（遠洋及國內），因為港口是貨物進出口的集散地，貨物在抵達或離開港口時，通常會再利用鐵公路運送至客戶處，有的船公司或物流公司會提供本身的拖卡車或鐵路進行港口的直達運送（Port to Door）。

---

[3]　What is the British Ports Association?
　　https://www.britishports.org.uk/

運輸型式主要可分為：

1. 公路運輸（Road Transport）：這是港口常用的方式，特別是貨櫃的運送，對於貨主可以方便少量多次的交提貨，也可以將貨物（櫃）直接送至客戶工廠或物流中心。通常港口對外會設置港區專用道及連接高速公路，以利卡車快速查案後進出港區，也避免影響市區交通壅擠。

2. 鐵路運輸（Rail Transport）：鐵路適合大量、長途的貨物運送，臺中港、高雄港有工廠在內陸設有鐵路支線聯接至港區碼頭，例如穀物、礦砂或水泥等。

3. 空運運輸（Air Transport）：貨主有時會運用機場與港口的聯接性，因為某一運送路程中的港口壅塞或航線覆蓋度不大，為求時效將郵件或小量貨物以海空聯運處理，例如大陸小型港口至臺北港後再轉運桃園機場出口。

4. 海運運輸（Sea Transport）：主要為遠洋運輸進行國際貿易，此為一般國際商港的功能，分為遠洋與近洋航線，如國內的陽明與長榮海運專長在洲際的長途貨運，萬海航運亞洲著名的近洋的貨運。亦有內河及運河運輸，如中國大陸的長江及中美洲的巴拿馬運河等。

5. 管道運輸（Pipelines）：使用在液、氣體貨物的運送，適合長期大量及長途的運送，對於需要進口化工原料及製品的工廠，會在港區設置專用管道，聯接至碼頭後線或港區外的內陸儲槽。例如臺灣進口的原油與天然氣。

運輸方式選擇（Selection of Mode of Transport）

　　貨主或託運人在選擇運輸工具時，會依貨物的性質及交易的條件進行選擇運輸方式，考慮的因素：有貨物的特性，例如價格高及需要快速運達。運送的可及性，方便客戶的交提貨。運送距離長短，國際及地方性的運輸便有不同。成本是非常重要選擇因素，這涉及負擔能力及收益。運送路程的時間常因交易時的約定條件，有時有轉運情形故運送時間要明確。運送班表的準點及次數，亦是選擇的重點。[4]

　　費率及效率是客戶選擇港口的重要因素，隨著運輸科技與資訊網路的應用，在港口運輸方面，有貨卡車進出港區的自動化辨識系統（Gate Identification System）、船舶交通服務系統（Vessel Traffic Service）、港棧系統（Port-Net）等，各國港口都對運輸軟硬體的便利性與及資訊即時性甚爲重視，特別是現代港口在著力發展的港口物流與自由貿易港區業務。

　　就港口而言，運輸是港口的重要基礎建設（Infrastructure），港口會依據進出口貨類、數量預測及社會經濟發展需求，進行碼頭設施的硬體改善與新建計畫，以符合多元化的發展。

4　Selection of Mode of Transport
　　https://www.slideshare.net/Donnaj8/transport-39315590

　　從運輸的模式主要可分爲陸海空三
個方式，在陸地上有道路、軌道、管道
（Pipelines），管道的設置經過區域有在
陸地或水域，在水運有海洋及內陸江河運

輸，不同的運輸模式相銜接如海空、海陸、海鐵等方式又稱複合運輸
（Multimodal Transport），這是貨物（櫃）跨國運輸（物流）時常見
的情形。[5]

3.4 港口管理模式

　　港口過去常被稱爲水陸運輸聯接的樞鈕，現在航空貨運業務發
達，高單價及有時效性的貨物也會在海洋運輸的部分航段運用海空運
輸，對於大陸型或位於內陸國家，海鐵及海陸、管道運輸亦是常使用
運輸方式，就港口服務功能的多元化，基於經濟性、效率性的考量，
許多國家對港口的管理模式就有不同型態。

　　世界各港的管理模式主要在於公私部門的參與程度，對於港
口建設的投資與提供服務範圍，例如基礎建設、機具、碼頭營運

5　TRANSPORT

　　http://simpletopic.blogspot.tw/2012/04/transport.html

　　Betsy, L.,& Tan, S.K. (1999). Transport., Modern certificate guide: *Elements of*
　　Commerce (pp. 141-153). Singapore: Oxford University Press.

的所有權，還有一些港口服務如引水
（Pilotage）與拖船（Towage）等，是
由誰來提供。重視公共服務功能由公部
門來主導港口投資及管理，為維護公私
部門的投資及管理需求，碼頭採出租方
式以求公共利益及私人需求的平衡。一
些由私人投資及經營的港口，其營運目
標自然是追求股東權益的最大化。

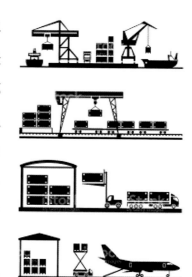

　港口管理模式（Port Management
Models）[6]：

1. 公共服務港（Public Service Ports）：港口管理當局擁有基礎設施，
   並負責所有服務提供，通常是政府部門，員工並為公務員，有部
   分業務是由私人公司提供服務，這是公部門較無效率所致。

2. 工具港（Tool Ports）：由私人自行營運裝卸業務，但碼頭的機具
   財產仍屬於政府的港口管理當局。

3. 地主港（Landlord Ports）：管理大部分的港口基礎建設，特別是
   碼頭採用長期出租協定，或由民間採取合作興建及營運方式，私
   人公司對機具營運與保養需負管理責任。

6　Public and Private Roles in Port Management
　https://people.hofstra.edu/geotrans/eng/ch4en/conc4en/tbl_public_privte_roles_
　ports.html

4. 公司化港（Corporatized Ports）：類似民營化企業經營，但所有權仍屬於政府當局，港口管理單位對股東負起經營績效責任，通常只有單一股東——政府。

5. 民營港（Private Service Ports）：是完全民化的企業管理，但仍維持海運服務角色，所有港口服務功能由私人公司提供，但公部門仍可成爲股東，以督促維護公共利益及服務水準。

世銀（World Bank）曾提出分析港口類型的 8 種工具模組（架構改革、世界競爭的演變、管理組織及所有權選擇、法律工具、財務指標、管制、勞工及社會議題、實施改造），依港口的管理權限及提供服務範來分辨港口的屬性。[7]

表 3　港口管理模式（簡化）

類型	基礎建設	營運建設	裝卸勞工	輔助功能
服務港	公有	公有	公有	主要公有
工具港	公有	公有	私有	主要公有
地主港	公有	私有	私有	主要私有
民營港	私有	私有	私有	主要私有

註：輔助功能是指引水、帶解纜（Mooring）、拖船、疏浚（Dredging）等

7　The World Bank (2007) Port Reform Toolkit Second Edition
　　https://ppiaf.org/sites/ppiaf.org/files/documents/toolkits/Portoolkit/Toolkit/index.html

　　臺灣各國際商港原屬於交通部設置港務局管理，參考國外港口的管理體制改革，採取航港「政企分離」政策，於民國 101 年 3 月 1 日將四個港務局（基隆、臺中、高雄及花蓮港務局）統合改制為 100%股份屬於交通部的國營臺灣港務股份有限公司，專司港口企業經營及海內外投資業務，航政及政府公權力部分則由新設立交通部航港局負責，依新修定商港法規定由航港局管理之國內商港營運及建設，澎湖馬公及嘉義布袋港暫由航港局委託港務公司代為管理，金門、連江縣國內商港由行政院指定當地縣政府管理。

什麼是美洲港口協會（AAPA）

　　美洲港口協會（American Association of Port Authorities, AAPA）是美國、加拿大、加勒比海及拉丁美洲超過 130 個港口所組成，共同代表港口產業對外發聲，港口與海運業並針對公共政策提出建言，在美國的會員並提供建議及研究，以對港口有關的公共政策議題發揮影響力。今日的 AAPA 對港口相關社群關心的共同議題，如治安、貿易、運輸、基礎建設、環保及有關港口發展營運等都持續推動。[8]

8　AAPA: The preeminent voice of the seaport industry
　　http://www.aapa-ports.org/

有用的網路資源

DP World（阿聯酋杜拜港口世界）

http://web.dpworld.com/

ECT（荷蘭歐洲貨櫃碼頭）

http://www.ect.nl/

HHLA（德國漢堡）

https://hhla.de/en/home.html

Hutchison Port（香港和記港口）

https://hutchisonports.com/en/

Port of Busan Authority（韓國釜山港）

http://www.busanpa.com/eng/Main.do

Port Kelang Authority（馬來西亞巴生港）

http://www.pka.gov.my/

P&O Ports（澳洲鐵行港口）

http://poports.com/

Port of Los Angeles（美國洛杉磯港）

https://www.portoflosangeles.org/

Port of London Authority（英國倫敦港）

https://www.pla.co.uk/

Port of New York and New Jersey Authority（**美國紐約／紐澤西港**）
http://www.panynj.gov/port/

Port of Rotterdam Authority （**荷蘭鹿特丹港**）
https://www.portofrotterdam.com/en/port-of-rotterdam-authority

PSA（**新加坡港務集團**）
https://www.globalpsa.com/

Port of Tokyo（**日本東京港埠頭株式會社**）
http://www.tptc.co.jp/en/guide/advantage/world

SIPG（**上海國際港務集團股份有限公司**）
www.portshanghai.com.cn/jtwbs/webpages/index.jsp

臺中港旅客服務中心

港口過去主要是貨物集散的中心，現在隨著兩岸直航開放及民眾海外郵輪旅遊要求提高，除了貨物（櫃）的運輸需求，碼頭邊旅客的來來往往。

～～　人生所有的分別　都是為了下次的再見　～～

第四章 港口規劃

4.1 規劃考量及內容

港灣工程是興建港口所需各項基礎、營運設施的工程及專案管技術，包括港址選擇、工程規劃設計及各項設施（如各種建築物、裝卸設備、繫船浮筒、航標等）的修建。而港灣工程在相較一般土木工程方面，在需求預測面、工程技術面、財務面及環境衝擊面上都具

何謂港口腹地（Port Hinterland）

港口腹地是港口所涵蓋吞吐貨物和旅客集散的地區範圍。腹地內的貨物經由該港進出在運輸上是比較經濟。其範圍一般通過調查分析確定，港口腹地分為：直接腹地和轉運腹地。通過各種運輸工具可以直達的地區範圍稱為直接腹地；由其他港口再轉運的貨物和旅客才到達目的地，其地區範圍稱為轉運腹地。[1]

---

[1] Continuous and Discontinuous Port Hinterlands
https://people.hofstra.edu/geotrans/eng/ch4en/conc4en/continuousdiscontinuous
hinterland.html

有不確定性高及投資成本高之特性。臺灣屬海島型經濟，其中99%的國際貿易貨物進出口運輸量需經過港口來進行，由此說明了港口規劃對港埠長期建設發展具有重要之功能。

　　港口的建設為國家重大經建設施，如早期臺中港的新建或高雄港、臺北港的擴建等，在港口進行發展計畫，需先對波浪水文、海岸現象、觀測試驗、外廓設施、碼頭設施、繫船設施、倉儲設施、裝卸設備、導航設備、施工設備、疏濬填築、船舶及其他項目進行調查，就投資成本效益及維護使用提出分年比較方案。今日的規劃更重視國際港口的競爭，特別是航商對港口的航線選擇特性、貨物流向、運輸科技應用、港口保全及環境保護等。

　　商港整體發展計畫是港口具體整合建設發展安排，作為一定計畫期內的發展方向和分期分年的發展計畫。其內容在深入調查分析基礎下，對港口現狀進行評估，找出港口的發展限制、港口客戶基本需求、經濟腹地的發展分析、港口吞吐量、到港船型及貨流預測、港區水域及陸域及專業區範圍、聯外運輸系、財務計畫、港口資訊系統規畫方案，繪製規劃布置圖及提出整體規劃方案，還有相關問題及建議。如果是新港區建設規劃，還需符合國土運用規劃、交通規劃、經濟產業發展種類及特性。

中國大陸最大的人工港（Artificial Harbor）

天津港是中國大陸最大的人工港，天津港包括海港和河港兩部分。海港位於渤海灣最西端海河入海口北岸，稱「天津新港」，是天津港的主體，承擔全港吞吐量的 90% 以上。河港位於海河下游的塘沽區，距海河口 8.7 公里。天津港區總面積 200 多平方公里。是中國北方國際貨櫃運輸的樞紐港，是中國大陸最先使用貨櫃的港口。[2]

4.2 港口運量預測

港口吞吐量預測是港口規劃的重要項目，根據港口以往的貨物進出口情形、國內外貿易狀況、航運發展情形、國內社經及地理因素，對港口未來的吞吐量進行預測，提供港口經營和建設規模之參考。

港口運量的預測步驟：

1. 擬定預測目標。分析港口運量預測目的、規劃時間長度（長期、中期或短期）、預測內容（貨種及區域別）。

2. 資料蒐集。根據預測目標，蒐集歷年有關統計及規劃資料，分析資料的歷史背景，選擇統計方法及時間，並進行資料正確性驗證。

2　Tianjin Harbor Launches Deep-Water Project
　www.china.org.cn/english/2000/Nov/4261.htm

3. 選擇適合的運量預測方法。根據預測目的、資料蒐集的情況，選擇定性或定量的分析方法。

4. 建立港口運量預測模型。在了解及蒐集以上資料後進行模型預測，模型需能反映以往港口運量真實的影響因素。

5. 對未來進行預測及檢驗。依據目標年提出數量、貨類、流向等結果。

6. 分析運量預測結果及提出因應方案。針對港口營運目標、競爭港口、客戶及港埠設施變化等提供情境分析和建議。

　　港口運量預測方法包括定性和定量分析，定性預測依靠研究者的知識、經驗與判斷力，如專家訪談法和德菲爾法（Delphi），定量方法常用的有時間序列和因果關係法（如迴歸分析）等。

　　近年來交通部運輸研究所多項港埠研究計畫針對臺灣地區海運運量需求進行預測，其採用的分析方法多屬統計計量分析方法及投入產出模型兩大類。其中由於投入產出模型需建立各產業之投入與產出間的影響關聯，資料蒐集困難較少採用。大部分的運量預測模型，均利用總體外生變數（如年期、人口、國民生產毛額、國內生產毛額、經濟成長率等）與運量之間的關係，構建未來運量需求模型。

　　海運進出口貨物運量預測的研究參酌以往多項重要研究，首先就歷來海運進出口貨物資料進行分類歸類，一方面能簡化所構建的運量預測模型，另一方面未來構建的運量預測模型亦能提供足夠的資訊，作為政策研擬及港埠發展規劃之用。其次，納入臺灣總體社經變數，

針對歷年進出口貨物進行不同貨種的趨勢分析。在構建大宗貨物及其他散雜貨運量預測模型以前，將同時考慮我國未來的港埠整體發展政策，俾使運量預測模型得以適切反應主客觀環境的發展。分別針對大宗貨物及散雜貨構建運量預測模型，以估測未來全國海運進出口貨物總量。最後，再依目前各港不同貨種之進出口實績比例及政策發展重點，分派臺灣各國際港進出口運量。[3]

聯合國海運回顧（Review of Maritime Transport, UNCTAD）

聯合國貿易和發展會議（簡稱貿發會議，英文是 United Nations Conference on Trade and Development，英文簡稱是 UNCTAD），建立於 1964 年，是一個永久性的政府間組織，也是聯合國大會在貿易和發展領域的一個主要機構。它是聯合國系統內綜合處理貿易、金融、技術、投資和持續發展領域的發展和相互間關係問題的中心機構。每年均邀請海運專家撰寫分析全球各地航運貿易及港口發展報告，是各國重要研究航港參考資料之一。[4]

3　交通部運輸研究所交通百科第四章海運及港埠需求預測
　　http://ebooks.lib.ntu.edu.tw/1_file/iot/050304/0503no30.htm

4　Review of Maritime Transport (Series), UNCTAD
　　http://unctad.org/en/Pages/Publications/Review-of-Maritime-Transport-(Series).aspx

4.3 規劃程序

　　港口規劃依層次可分為港口布局規劃、港口整體規劃及港區碼頭規劃；依規劃時間可分為遠景規劃、中期規劃及短期實施規劃。

　　港口布局規劃是國家級的港口規劃，根據國民經濟生產和國內外貿易需求成長，在國家綜合海陸空運輸網綜合協調基礎進行，貨物種類及地區社經、天然條件進行分工及設置。

　　港口整體規劃是一個港口的具體發展計畫，主要的內容為：

1. 目前港口的貨流及相對應船型。

2. 未來各階段貨流預測及船型展望。

3. 港口基本功能與發展規模，以及可能發展時程。

4. 可能港址的工程勘查及水文氣候調查。

5. 港區運量指派及碼頭岸線可能運用規劃。

6. 岸上土地使用及長期用地需求規劃。

7. 港口航道水深及維護規劃。

8. 港口對外聯接交通系統規劃。

9. 港區港警、消防、水電及通訊等配套設施。

10.環境影響評估。

11.整體規劃港區布局圖。

12.文件編寫及送上級主管機關審查。

　　港區碼頭規劃是實質建設工程計畫，通常與可行性研究相結

合，並依港口整體發展規劃的基礎上推動，其主要的內容為：

1. 詳細的運量預測分析、船型及周轉率。

2. 可使用裝卸技術（機具）及對生產效率影響。

3. 碼頭水陸域位置及替代方案。

4. 工程勘測以進行實質調整。

5. 倉儲及運輸系統位置協調。

6. 港口配套設施規劃及配置。

7. 財務分析及時程。

8. 社會經濟效益分析。

9. 環境影響評估。

10.港區規劃布置圖。

11.編寫計畫送上級主管機關審查。

　　在聯合國貿易和發展會議所撰寫的「港口發展

手冊」[5]，將港口規劃過程分為以下步驟：

UNITED NATIONS
UNCTAD

1. 對運輸現狀進行分析。

2. 進行中長期的運量預測。

3. 進行廣泛的工程調查。

4. 分析港口功能並提出建議。

5　PORT DEVELOPMENT: A HANDBOOK FOR PLANNERS IN DEVELOPING COUNTRIES. UNITED NATIONS CONFERENCE ON TRADE AND DEVELOPMENT (New York, 1985)

5. 確定長期分階段的港埠用地規劃。

6. 確定長期的水域及航道水深要求。

7. 各港區的貨運量指派。

8. 計算各碼頭的投資效益。

9. 編寫整體建設及發展計畫供主管機關審查。

何謂綠色港口（Green Ports /ECO Ports）

　　綠色港口係指透過管理手法、具體建設、法規與規範要求等，減少港口從施工建設到營運所有環節對於環境、生態系統的不利影響。綠色港口把港口發展和資源利用、環境保護和生態平衡有機地結合起來，可以做到人與環境、港口與社會和諧統一、協調發展；既要確保發展的速度，又要十分注重發展的品質和效益，走向資源消耗低、環境污染少的可持續發展之路的港口。生態港認證（Eco Ports Certification）為歐盟內部歐洲海港組織（European Sea Ports Organization, ESPO）旗下生態環境永續物流鏈基金會（ECO Sustainable Logistic Chain, ECOSLC）提供歐洲及國際港埠檢視其港埠環境友善之認證，亦為目前國際唯一針對港埠所設計之環境認證檢視系統，且可進一步與ISO14001進行整合。[6]臺灣七個國際商港已於民國101～106年取得歐洲ECO ports的認證。

6　ECO Sustainable Logistic Chain
　　http://www.ecoslc.eu/

10. 修改並公布港口整體建設及發展計畫。

11. 建立港口建設的管制修正機制。

4.4 環境保護評估概念

港口建設中的環境影響評估（Environmental Impact Assessment, EIA）分為兩種類型，工程規劃階段和工程實施階段。工程規劃階段的 EIA 是在港口規劃時進行，對港口建設和運用環境可能造成的影響程度、範圍和時程長短進行預測和評估，必要時也提出因應方案。工程實施階段的 EIA 是從工程開始之前就進行，對工程實施期間的可能造成環境影響進行監測及提出防護方案。

表 4　環保影響因素組成

	空氣	水質	噪音	地形	動植物	文化資源
設施		●		●	●	●
土地		●		●	●	●
港池	●				●	●
繫泊	●				●	●
運輸	●		●		●	●
倉儲	●	●	●		●	●
裝卸	●	●	●		●	●
其他	●		●		●	●
工業區	●	●	●	●	●	●

	空氣	水質	噪音	地形	動植物	文化資源
工程	●	●	●		●	●
社區	●	●	●	●		●

　　進行環境影響評估首先要選擇環境影響因素，環境影響因素是指隨著港口的建設及發展各階段，可能對環境造成影響的設施或活動。工程規劃階段包括港口設施以及相鄰工業區內各種製造及貿易運輸活動的使用情形，在工程進行階段實施 EIA 時，每一次工程都應有其相對應之環境影響因素。

　　工程規劃階段的 EIA 目標時間為港口規劃的目標年，通常是港口規劃後制定後的 5～15 年，在工程實施階段的 EIA 對每一項建設工程都可能造成重大環境影響時，都應分別進行評估。

　　對港口環境的現狀有充分了解相當重要，可為工程提供工作依據：

1. 作為設定環境保護的合適目標。

2. 提供環境影響變化的預測參考。

3. 研究防止環境污染的因應方案。

4. 作為各階段環境污染模擬變數。

　　制定環境保護目標，是用於對環境影響評估預測結果及成效，這些目標應符合及充分考慮國家標準及利害關係人的訴求，如果沒有定量性目標，則應確定政策性的目標。

　　「臺灣地區商港整體發展規劃」計畫，目前為行政院自民國 84 年起每 5 年辦理一次之延續性計畫，該計畫係為構建臺灣地區商港之未來整體發展方向，參考國外航港發展趨勢及港口運量需求預測，研擬臺灣地區整體商港之發展策略以及各港之發展定位，作為各港進行其整體規劃時之上位計畫據以推動實質建設方案，使港埠資源能作最有效之利用，提升港埠之服務水準，降低產業之運輸成本，以提升我國臺灣港口之國際競爭力。

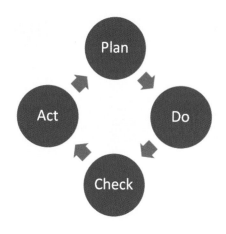

有用的網路資源

Maritime research and consulting services Alphaliner
https://www.alphaliner.com/

Drewry
https://www.drewry.co.uk/

Clarksons.
https://www.clarksons.com/

i-maritime
http://www.imaritime.com/wp/

上海航運交易所
www.sse.net.cn

波羅的海航運交易所
https://www.balticexchange.com/

台灣世曦工程顧問股份有限公司
http://www.ceci.com.tw/

宇泰工程顧問股份有限公司
http://www.e-harbor.com.tw/ehome/utech.htm

國立臺灣海洋大學
https://www.ntou.edu.tw/bin/home.php

國立高雄科技大學

http://www.nkust.edu.tw/

台北海洋科技大學

http://www.tcmt.edu.tw/bin/home.php

董浩雲國際海事研究中心（香港理工大學）

https://www.polyu.edu.hk/lms/ICMS/training_professionalInstructors.html

大連海事大學

www.dlmu.edu.cn

上海海事大學

www.shmtu.edu.cn

基隆港東岸碼頭

 港口有時是若隱若現在城市及旅人的周圍出現，有時停下腳步吹吹海風，凝視遠方想起好久不見的人，還有好久未曾遺忘的事，春夏秋冬四時更替。

〜〜　就讓我們乘船看海去　〜〜

第五章　港口營運

5.1 商港營運範圍

　　臺灣商港原有之營運管理業務,是由交通部於各港口設置港務局辦理航政及營運管理業務,配合中央組織改造及航港「政企分離」政策,業於101年3月1日分別成立交通部航港局(綜理航政及港

　　何謂港埠業(Port Industry)、水上運輸業(Water Transport Industry)、水上運輸輔助業(Water Transport Auxiliary Industry)

　　•港埠業:凡從事港口、碼頭、船塢、燈塔、航道管理等行業均屬之。

　　•水上運輸業:凡從事海洋內河及湖泊等客貨船運輸之行業均屬之。觀光客船之經營亦歸入本類。

　　•水上運輸輔助業:港區內工作船、交通船及拖駁船經營、引水、貨物裝卸、海難救助。[1]

---

[1] 行業名稱及定義,行政院主計總處
　　https://www.dgbas.gov.tw/public/Attachment/642715252671.pdf

政公權力事項）及國營港務股份有限公司（辦理國際商港經營理事項），期望臺灣商港能對內統合資源、對外一致競爭。

國營港務股份有限公司設置條例（民國 101 年 3 月 1 日施行）

第 1 條　交通及建設部爲經營商港，設國營港務股份有限公司，其設置依本條例之規定。

　　　　　港務公司由政府獨資經營。

第 2 條　港務公司業務範圍如下：

　　　　　一、商港區域之規劃、建設及經營管理。

　　　　　二、商港區域海運運輸關聯服務經營及提供。

　　　　　三、自由貿易港區之開發及營運。

　　　　　四、觀光遊憩之開發及經營。

　　　　　五、投資、轉投資或經營國內、外相關事業。

　　　　　六、其他交通及建設部或目的事業主管機關委託及核准之事項。

第 3 條　港務公司得視業務需要於國內、外設分公司或其他分支機構。

　　臺灣商港經營管理除依法令如商港法、國營港務股份有限公司設置條例、公司法等相關法令，爲求符合國家經濟運輸目標及企業社會責任，同時也要達成企業獲利、營運效率。

5.2 企劃、法務業務

港口之由行政管理轉換成企業經營，在求快速回應國際航運市場變化、提升國際商港的競爭力，並對港口各項投資能有效運用並回收獲益。其組織功能在公司化以後，需增加航運及港口市場的分析、收益分析，以及因應私法行為的契約爭議訴訟。

企劃、投資及業務部分依設企劃、營運、客戶服務、業務拓展等功能，掌理下列事項：

1. 商港設施經營管理事項。

2. 港埠業務費項目及費率擬訂計收事項。

3. 關商港營運發展企劃事項。

4. 辦理轉投資業務事項。

5. 貨櫃碼頭設施出（退）租案件處理事項。

6. 客戶服務事項。

7. 商港法及商港港務管理規則等法規修訂建議事項。

8. 辦理自由貿易港區業務事項。

9. 辦理市場行銷及國際客運事項。

10.辦理國際物流及相關業務事項。

11.港埠經營發展及策略企劃研究、評估、推動、追蹤事項。

12.航港發展及相關產業經濟之研究事項。

13.研究成果引進、應用諮詢及處理事項。

14.國內外航港、財經資料蒐集及研析事項。

15.航港資料庫建立及智慧港口事項。

　　法務部分依商貿契約、法律事務等功能，掌理下列事項：

1. 相關法制業務處理及資料蒐集事項。

2. 相關法令適用疑義諮詢及處理事項。

3. 各業務單位處理相關爭訟及理賠事項。

什麼是計費噸（Revenue Ton / Freight Ton）／貨物裝卸量（Cargo Tonnage Handled）／貨物吞吐量（Cargo Throughput）

　　•計費噸：係指港埠裝卸或船舶運送貨物之計費單位。貨物以其容積噸或重量噸計量，採其中較大者作為計費依據，其量即為計費噸。

　　•貨物裝卸量：船舶貨物裝卸作業所計算的噸量，通常以計費噸計算，謂之貨物裝卸量。

　　•貨物吞吐量：船舶進出港所裝載貨物之重量（以重量噸計算），進港之貨量為吞量，出港之貨量為吐量。[2]

2　交通統計名詞定義，交通部
　　https://www.motc.gov.tw/ch/home.jsp?id=61&parentpath=0%2C6&mcustomize
　　=statistics102.jsp

5.3 港務業務

商港的營業收入主要來自港灣（如船舶繫泊收入）、棧埠、營業資產租金及其他收入（如利息），同時港務管理涉及各式船舶在港區航行、繫泊安全，人車入出港口管制區管制等。

港務部分依港灣、繫船、港勤、航管等功能，掌理下列事項：

1. 商港範圍檢討修訂及都市計畫相關業務處理事項。

2. 港區安全管理及災害事故處理事項。

3. 小船新（汰）建、停泊及違規管理事項。

4. 船舶船員日用品供應業、船舶理貨業、船舶小修業、船舶公證業及船舶勞務業管理事項。

5. 船席指定及調配管理事項。

6. 船舶進出港口及港內航行交通管理事項。

7. 船舶交通管理及導航設備維護管理事項。

8. 港勤船舶作業維護管理事項。

9. 民營港勤業務協調督導事項。

10.商港法與商港港務管理規則等法規修訂建議事項。

什麼是嘜頭（Shipping Mark）

國際貿易中的「嘜頭」是為了便於識別貨物，防止錯誤發送貨物，通常由型號、圖形或收貨單位簡稱、目的港、件數或批號等組成。通常是由一個簡單的幾何圖形和一些字母、數字及簡單的文字組成，其作用在於使貨物在裝卸、運輸、保管過程中容易被有關人員識別，以防錯誤發送。[3]

聯合國歐洲經濟委員會（United Nations Economic Commission for Europe, UNECE）簡化國際貿易程序工作組，在國際標準化組織和國際貨物裝卸協調協會支持下，制定了運輸標誌向各國推薦使用。標準化運輸標誌包括：

1. 收貨或買方名稱的英文縮寫字母或簡稱。

2. 參考號，如運單號、訂單號或發票號。

3. 目的地名稱。

4. 貨物件數。

---

[3] http://www.twwiki.com/wiki/%E5%98%9C%E9%A0%AD
Simpler Shipping Marks, UNECE
http://tfig.unece.org/contents/recommendation-15.htm

5.4 棧埠業務

棧埠作業是港口的重要基本功能，所有貨物及旅客均經由港口的倉庫、碼頭及客運中心進出，各項作業收入是港口的重要收益來源；亦有開放民間承租倉庫或合作興建專用碼頭設施等進行營運。

棧埠部分依倉儲、作業管理、作業庫區、機具管理、旅客服務掌理下列事項：

倉儲部分

1. 倉棧運用及規劃事項。
2. 進出口貨物進倉申請案件處理事項。
3. 存倉貨物損害賠償及逾期貨物處理事項。
4. 貨棧登記證申請、變更、撤銷及換照事項。
5. 倉棧設施維修執行事項。
6. 碼頭倉棧、辦公處所等出（退）租案件處理事項。
7. 倉棧設施遭受損壞案件處理事項。

管理部分

1. 裝卸作業規劃、督導、協調及建議事項。
2. 裝卸作業事故處理事項。
3. 港區危險品裝卸作業技術人員登記事項。
4. 貨櫃（物）裝卸量統計及效率分析事項。

5. 裝卸作業重大違規案件處理事項。

6. 公民營拖駁船業作業管理事項。

7. 貨櫃碼頭營運及設施機具維修保養事項。

作業庫區

1. 庫區設施維護及管理事項。

2. 庫區各項作業申請書表單查核、簽證及結報事項。

3. 裝卸作業督導及政令宣導事項。

4. 裝卸作業勞工安全衛生業務督導事項。

5. 裝卸作業違規案件處理事項。

6. 現場意外及偶發事件處理事項。

7. 倉位分配計畫、貨物收授、分嘜、歸堆及保管事項。

8. 倉棧安全及庫區環境清潔維護事項。

9. 出租設施巡查及管理事項。

10.貨櫃（物）運送單製發事項。

11.進倉貨物短卸、溢卸及破件處理事項。

機具部分

1. 機具需求擬訂事項。

2. 機具設備及用料管理事項。

3. 機具設備維護計畫及執行事項。

4. 機具設備調派作業管理事項。

商港服務費（Port Service Due）

商港管理機關就入港船舶、離境之客船旅客及在商港裝卸之貨物，依商港服務費收取保管及運用辦法所收取之商港服務費。（現由交通部航港局辦理收費業務）[4]

5. 機具設備操作安全管理事項。
6. 車機自用加儲油設施管理事項。

旅客服務

1. 入出境旅客、客運業務服務事項。
2. 出境旅客服務費收繳事項。
3. 進出港遊客人數統計事項。
4. 旅運中心維護及管理事項。

5.5 港口費用

港口設置拖船、機具設備、碼頭設施和作業管理人力，為船舶繫泊和貨物裝卸提供服務和勞務，根據規定標準及項目向船方和貨主收

4　交通統計名詞定義，交通部
https://www.motc.gov.tw/ch/home.jsp?id=61&parentpath=0%2C6&mcustomize=statistics102.jsp

取各種費用稱為港口費用（Port Charges），港口費用的計價單位稱為港口費率（Port Tariff）。

港口營運的收費種類可分為兩大類，一是與貨物有關的計費，如裝卸費、倉儲費、機具船舶租用、雜項費等；一是與船舶有關的計費，如帶解纜費、碼頭或浮筒碇泊費、拖船等。

港口經營業務的主要收費除港灣費用及棧埠費用外，另一主要收入來源為營業資產租金收入。港口設施得由公民營事業機構向商港經營事業機構提出申請，依投資興建或租賃經營方式，由商港經營事業機構收取租金及約定管理費用等。

公民營事業機構投資興建或租賃經營商港設施作業辦法（民國 101 年 8 月 22 日施行）

第 2 條　各項商港設施提供公民營事業機構投資興建或租賃經營者，商港經營事業機構得自行規劃辦理或由公民營事業機構提出申請。

經營機構得依商港經營發展需要及案件性質採下列方式辦理前項業務：

一、綜合評選：指經營機構擬訂評選項目、基準與權重等相關事項，透過公開程序甄選公民營事業機構投資經營商港設施之方式。

二、單項評比：指經營機構擬訂單一評比項目及基準，透

過公開程序甄選公民營事業機構投資經營商港設施之
方式。

三、逕行審查：指符合第七條之情形，經營機構得不經公
開程序甄選公民營事業機構投資經營商港設施之方式。

第9條　公民營事業機構應就契約記載之土地、設施與投資經營事
項繳交租金與管理費，經營機構得就公民事業機構使用水
域計收管理費。

前項租金及管理費項目及基準如下：

一、租金：

（一）土地租金：依商港區域土地使用費實施方案計
收，未依該方案訂定港區土地使用區分之土地，
以申報地價按年租金率計算之。

（二）設施租金：包含碼頭、建物及設備等項目，依其
建造成本按年租金率計算之。

二、管理費：依公民營事業機構投資經營業務項目性質，
按承租面積、使用範圍、營業額、前款租金總額、營
運實績、營業規模及保證運量等事項計收。

港口的公共及營運設施其投資金額相當大，
具有投資回收期長及設施使功能不易轉換作其他
用途使用，同時港口面臨其他國際港口的競爭，
為爭取國際航商及貨物到港作業，市場調查及行

銷亦顯重要，合宜具有彈性的港口費率將爲吸引轉運貨物的誘因；爲維護船舶及客貨進出的作業安全，因此港口作業的妥善規劃及管理對港口效率相當重要。

有用的網路資源

交通各業專有名詞中英譯對照表（一般性專有名詞）
http://www.mantraco.com.tw/education/education076.htm

Comparison of port tariff structures, UNESCAP
http://www.unescap.org/sites/default/files/pub_2190_ch3.pdf

Global Terminal Operators: An overview - Organization of American
http://oas.org/cip/docs/areas_tecnicas/1_reformas_portuarias/15_global_terminal_operators.pdf

Maritime Transport and Port Operations
https://gfptt.org/node/67

Port of Long Beach, Port Tariff
http://www.polb.com/economics/port_tariff.asp

Port of New York/New Jersey, Marine Terminal Tariff
https://www.panynj.gov/port/tariffs.html

Port Dues, Port of Rotterdam
https://www.portofrotterdam.com/en/shipping/port-dues

Port Tariffs & Pricing, Seaport Group

http://www.seaport.com/disciplines-list/port-tariffs-and-pricing

Port of Seattle, Port Tariff

https://www.portseattle.org/Cargo/SeaCargo/Pages/Tariffs.aspx

Port Management System

http://www.mlit.go.jp/english/2006/k_port_and_harbors_bureau/17_p_and_

h/ph_2_4.pdf

Port tariffs

https://www.slideshare.net/wawaZAIN/port-tariff

臺北港行政大樓

 春天總是令人期待，提著行李走過碼頭，好像幸福明天的期待就已到來，當港口面貌一直在改變，而提供優質運輸服務目標就在內心、笑容及行動上，一直都在。

～～ 等一個人出現 ～～

第六章　港口資訊

6.1 航港單一窗口服務平台

　　航港單一窗口服務平台（Maritime Transport Network, MTNet），
民國 84 年 1 月，政府為達成我國經濟轉型之目的，提出發展臺灣成
為亞太營運中心，以發展海運轉運中心，空運（客／貨）中心及電信
中心為基礎，建立臺灣成為亞太地區的製造中心、金融中心及媒體中

關貿網路（Trade Van）

　　「關貿網路」股份有限公司前身為於民國 79 年奉中華民國行
政院核定成立的「貨物通關自動化規劃推行小組」。該小組之任
務為建置臺灣進出口通關自動化系統，協助貿易 商透過網路連線
即可完成進出口通關及關稅繳納作業，以降低貿易成本、加速通
關作業。經過 4 年的努力，先後達成海運與空運的貨物通關自動
化。[1]

---

[1]　關貿網路企業簡介

　　http://www.tradevan.com.tw/about/index.do

心,俾能發揮產業金字塔頂端系統整合者之高附加價值效益。其中之海運轉運中心計畫之執行方案中,「海運資訊通信系統」之建設,即結合資訊與通信之發展,簡化航港作業、改善海運作業流程並提升處理效率,以達成海運及港埠業務處理自動化的理想境界,以提升國際競爭力。[2]

目標

檢討簡化海運相關作業,實施海運業務自動化,推動電子資料交換,以達到無紙化之境界。其具體方針包括:

- 更新業務管理應用系統,加強連線功能。
- 建立海運資料庫,以達資源共享。
- 推動電子資料交換作業之應用。
- 建立港埠資訊網路。
- 建立海運資訊網路。
- 推動完善之通信網路基礎建設。

範圍

- 航港業務:航政及港務管理相關業務,包括航政、港灣、棧埠等三大業務。

---

2 交通部航港局航港單一窗口服務平台
https://web02.mtnet.gov.tw/MTNet/Footer/About.aspx

- 海運業務：國內、外海運相關業者（如：船舶運送業、船務代理業、海運承攬業、貨櫃集散站，或碼頭經營業者）之間往來業務。

- 通關業務：財政部所主管之海運通關業務。

- 其他業務：包括進出口貿易、金融、外事、安檢、檢疫等業務。

- 通信業務：前述各項業務資訊交流所生之通信需求。

6.2 港口管理資訊系統

資訊革命被稱為繼農業革命和工業革命之後的第三次革命，對運輸領域的影響也很深遠。計算機的應用使資訊的加工處理和傳遞更為方便，近代通訊與計算機技術的結合，更改變國際貿易及運輸的交易方式。

傳統討論港口的生產能力時，主要是指提高港口設備的單機效率，或擴充生產規模。港口。作為運輸樞紐，是一個物流中心也是資訊匯集交換中心。而資訊系統的應用，可使港口作業流程及文件在各個單位中加速作業，對事件的追蹤或統計分析亦具有龐大處理歷史資料的能力。

港口資訊管理系統（Port Management Information System, PMIS）

是一個系統綜合稱呼，有內部的作業管理系統（如人資、財會等），也有對外的資訊交換系統（如進出港申請、作業委託申請等）。各港口在發展時會有其專屬系統名稱，如新加坡港的 Port Net、釜山港的 Port-MIS，資訊技術的應用交換，可以使港口的相同生產資源得到更高的綜效（Synergy）。

港口資訊系統的一般應用項目及利益如：

1. 生產作業效率，運用電腦輔助作業排程、人員操作機具的模擬訓練如「虛擬實境」（Virtual Reality, VR）、「擴充實境」（Augmented Reality, AR）運用等，現代更有無人機或自動化的搬運機出現，可節省人力及時間。

2. 作業調度安排，如港口的船席安排及拖船調度，都有一定的作業邏輯與規定，運用資訊系統可節省人為錯誤及留下管理決策所需的以往歷史與推估未來資料。

3. 提升港口安全，運用資訊及通訊技術，對入出港口的船舶及車輛進行交通引導及管制，對港口的作業船舶及貨物有效提供安全保障，如船舶交通服務系統（Vessel Traffic Service, VTS）及自動化門禁管制系統（Gate System）。

4. 客戶服務品質，船舶及貨物在港口作業需填送各項資料送各主管機關審核及辦理作業委託繳費，如透過網際網路（Internet）或電子資料交換（EDI）的方式，節省送件人力及重複文件資料的製作。

5. 專業化發展，今日各項技術及作業理念的改變，使港口的各項作

業分工及專業化更加演化，需要更精進的運輸管理知識，如自動導引搬運車（Automated Guided Vehicle, AGV）、機器人（Robot）、無人機（Unmanned Aerial Vehicle, UAV; Drone）的使用管理。

今後港口考慮發展與建設時，應將資訊系統的發展與物流的影響進行整體分析，特別是在港口營運條件下，如何透過資訊系統來提升港口的綜合能力（外部競爭、內部效率）。

6.3 港口管理資訊系統功能與劃分

管理資訊系統是以計算機為基礎，以系統思考建立的港口管理業務及決策支援的系統。它將港口在營運管理的資訊全部流程，即資訊產生、處理、加工、儲存、傳遞、分享及使用，運用計算機技術完成系統的資料分析供管理決策使用，它可以劃分為各種業務系統。管理資訊系統運用數學模式及統計方法，運用計算機對資料（Data）進行歸納整理，提出試行方案，並根據不同使用者需求，提供各式統計處理結果及報表。

以國際商港為例，基本的管理資訊子系統功能根據業務職掌的需求，其功能可分為：

1. 基本資料管理子系統：如船舶、客戶基本資料、各項計費作業代

碼等。

2. 港口作業管理子系統：如船舶、貨物裝卸、作業機具租用調派申請等。

3. 系統維護作業子系統：如程式檢查、資料轉移等。

4. 港口營運管理子系統：如客戶行銷、營運統計分析、VIP關係等。

5. 財會維護管理子系統：如資產、財報、金流、稅務等。

6. 人力資源管理子系統：如任免、退休、教育訓練、職務異動、勞資活動等。

7. 公文檔案管理子系統：如各項公文書製作發送、儲存整理及調閱管理等。

8. 公共關係維護子系統：如立法機關、民眾申訴或媒體與情反映等。

9. 財產物料庫存子系統：如公有財產（動產、不動產）、材料及報廢資材等。

10.車機船調度子系統：如人員及設備調度、工作時數、使用管理等。

11.職安衛管理子系統：如員工體檢、工作檢查、防護設備管理、教育訓練等。

12.其他特殊需求：如危險品作業申報、災防通報、貨櫃作業規劃、港區通行證申請、政風廉政舉報、工程圖資管理、公共圖書管理等。

　　另港口各項船舶及貨物資料，資料龐大需有巨量儲存及處理設備，並提供異地備援儲存與不斷電緊急裝置預防意外事故。另為避免

資料庫受到惡意攻擊，對資訊系統及網路需設置防毒程式及防火牆設計，以隔離資料受到攻擊影響港口正常營運。

6.4 國外發展趨勢

阿拉伯聯合大公國的杜拜港口世界（DP World）於 2005 年 11 公布的研究報告，分析資訊與通信科技（ICT）發展對港口與物流產業的影響有五大項：

1. 機器人和自動化（Robotics and Automation）：自從 1990 年代歐洲鹿特丹港貨櫃碼頭啓用自動化貨櫃堆疊場地作業開始，自動化機具應用已開始在裝卸機具製造商和港口貨櫃作業進行應用研究，從船邊作業（Ship to Shore）、貨櫃堆儲、場地間運輸、卡車裝運，已可進行自動化的無人作業，如上海洋山港的自動化無人貨櫃碼頭。由於電子商務及消費者下訂單後快速取得貨物趨勢，美國亞馬遜網路書店（Amazon）的物流倉庫倉儲管理也使用無人自動化作業，主要目的減少人力及作業成本。

2. 自動行駛運具（Autonomous Vehicles）：自動化行駛或稱無人駕駛（Driverless）運具的發展，由於港口及物流業橫跨陸海空的領域，無人車或無人船的發展對港口及物流業，這是危機也是一種機會，特別是碼頭間的貨櫃移動。自動化運具可以減少人爲作業錯誤，不同運具間的貨櫃轉運，對人員的安全傷害也有預防功能；

而無人船在雷射和全球定位系統（GPS）的協助靠泊碼頭技術也已成熟。

3. 物聯網和大數據（The Internet of Things and Big Data）：藉由自動化及無人機具的使用，物件（Things）運用感知器自動偵測及蒐集資料並可上網聯結，例如貨櫃上的無線射頻辨識系統（RFID），對貨櫃的進出及貨物的控管，資料上傳後對形成的大數據，港口及物流業對車隊管理、進出貨物種類及流向、客戶資料建立等可進行各項分析。

4. 模擬與虛擬實境（Simulation and Virtual Reality）：模擬軟體可以協助港口發覺各項作業的瓶頸如港口運輸流程改變或生產設計改的改變，以及減少人為意外傷害及溝通時間，現在已有如虛擬實境等的技術應用，如港口管理人員對無人運具控制訓練、物流業對車輛故障排除講解等，特別是對客戶行銷的的服務或產品經驗感受領域。

5. 先進網站安全（Advanced Cybersecurity）：由自動或機具與網路資料庫的應用，對於可能的程式錯誤缺失（Bugs）或網路攻擊（Cyber attacks），都會對港口及物流業的作業、貨物及客戶資料造成重大損失，在過去幾年已有案例發生，對人員及資訊設備的管控、對國內外恐怖攻擊預防需採取嚴密作法。

什麼是無線射頻辨識系統（Radio Frequency Identification, RFID）

RFID（爲無線射頻辨識系統）又稱電子標籤，爲一種通信技術，其原理利用無線頻率（如電磁感應、微波等）識別目標並且進行資料的傳輸和讀取相關資訊，無需透過機械或光學接觸。其應用範圍十分廣泛包含倉儲與物流管理、生產製造與裝配、身份識別、門禁與防盜系統、行李與郵件處理、文件管理等都可以應用該技術來做爲管理。在海運貨櫃的管理應用在取代傳統的海關封條，或進出貨櫃場的單據管理。[3]

資訊與通信科技（Information and Communication, ICT）產業，指其產品（含貨品及服務）之主要目的，必須使資訊的處理與傳播可透過電子工具（包含傳送與顯示）來達成。

傳統的港口資訊系統是文書處理及會計系統爲主，在 ICT 的技術與應用愈來愈成熟時，特別是海運貨物已朝貨櫃運輸及國際物流發展，船舶上載運的各地貨櫃在港口貨櫃碼頭上進行急疏運的作業，貨主、船東、代理行、海關、運輸公司及碼頭裝卸單位等，都需要進行資訊的交換與通報，港口管理資訊系統在資訊技術應用及管理模式演

3　RFID 財經百科

https://www.moneydj.com/KMDJ/wiki/WikiViewer.aspx?Title=RFID

化，都要因應作業環境的變化，而資訊作業要求的正確、及時、有益的原則將持續催化新的港口資訊管理應用。

貨櫃碼頭作業系統（Terminal Operating System, TOS）

貨櫃碼頭作業系統是一套整合資訊統，配合船席調派系統進行貨櫃裝卸及儲放過程的作業規劃，並進行訊息通知相關作業單位及製作表格統計分析，能有效提高貨櫃場的效率。

圖2　貨櫃碼頭作業系統架構圖範例 [4]

4　Container Terminal Operating System, indiamrt
https://www.indiamart.com/proddetail/container-terminal-operating-system-7096222662.html

延伸閱讀（香港商報）[5]

自動化碼頭建設長遠預料成主流

　　科技發展如大數據、自動化等技術經已滲透各行各業，要提升企業營運效率，就一定要設法讓科技融入業務中，港口企業亦不例外。中國大陸更出現無人貨櫃碼頭。2017 年上海洋山港四期自動化碼頭正式投入測試營運，該項目耗時 3 年建成，地面總面積超過 220 萬平方公尺，碼頭 24 小時運作，設計每年吞吐量初期為 400 萬個 20 平方尺標準貨櫃，其後可達 630 萬個，成為全球最大的單體自動化碼頭。運作期間，整個區域內吊卸貨櫃不用人為操作，連貨櫃卡車也不需要人力駕駛。

　　自動化碼頭最早起源於歐洲，主要由於勞動力成本過高，需以自動化解決人手短缺及成本問題。隨著經濟發展，裝卸工人成本變得不再便宜，加上碼頭作業規模及複雜程度增加，中國大陸碼頭建設也朝著高效率化及智慧化方向發展。除了上海洋山港之外，廈門港及青島港亦已配備自動化碼頭系統裝備。自動化碼頭已經被愈來愈多的航運企業所接受，全球航運業發展，加上新港建設及舊港升級，預料自動化碼頭建設長遠將成為主流趨勢。

5　自動化碼頭建設長遠料成主流，香港商報 2017/-12-14
　　http://www.hkcd.com/content/2017-12/14/content_1074190.html

　　然而，自動化碼頭的推廣使用並非毫無障礙，設備可靠性的憂慮相信會隨著科技發展逐步減低，最大問題在於初期的投入成本，雖然從整個投資期來看，自動化的成本很低，但建設自動化碼頭需要一次性的龐大投資，而港口回收週期普遍較長，令不少投資者卻步，不過該投資門檻正爲資本充足的港口建立保障。

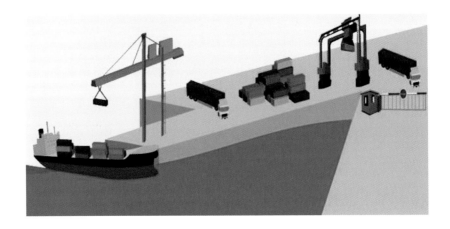

有用的網路資源

A turning point: The potential role of ICT innovations in ports and logistics
http://web.dpworld.com/wp-content/uploads/2015/11/ICT-innovations-DP-World_Eng.pdf

Big Data Management At Port of Rotterdam - Esri
http://www.esri.com/~/media/A7C0E2FE67954909BDD69C5749F535F1.pdf

ICT systems and services for port operation and management
https://www.unece.org/fileadmin/DAM/trans/doc/2008/wp5/GE1_Piraeus_

Item3_Giannopoulos.pdf

Port of Long Beach and Port of Los Angeles Advanced Transportation
Management and Information System （ATMIS）
https://ascelibrary.org/doi/abs/10.1061/9780784413067.147

Port Information Guide - Rotterdam Port Authority
https://www.portofrotterdam.com/sites/default/files/port-information-guide.

pdf

PORT MANAGEMENT INFORMATION SYSTEM TOWARDS
PRIVATIZATION
http://web.itu.edu.tr/~keceli/advancedportmanagement/IAME2005_

Nam%20Kyu%20PARK_Full%20paper.pdf

Port of NY and NJ Inaugurates TIPS System
https://www.panynj.gov/port/pdf/JoC_WP-NYNJ0915-v3.pdf

PSA About Portne®
http://www.portnet.com/WWWPublic/about_portnet.html

安平港旅客服務中心

 偶然走過碼頭，等候那未知的船期，貨船來來去去，人卻仍在等待那客船捎來信息，指著希望的方向，盼著那艘客船的歸期，港口的浪聲。

～～ 仍悠悠唱著　安平港追想曲 ～～

第七章　港口裝卸

7.1 裝卸作業制度

自民國 87 年 1 月 1 日起（即高雄港務局碼頭裝卸作業民營化後，

什麼是理貨（Tally）、什麼是裝貨（Loading）、卸貨（Unload/Discharge）

• 貨物在港區交運作業時，在裝船、卸船以至進倉、出倉時，必須檢視點交其數量是否相符，嘜頭是否齊全，貨品有無受損，由船方或倉棧方指派專人予以清點劃分，此種工作，即謂之為理貨。

• 裝貨：指由碼頭岸肩、駁船或水面上裝貨上船，其單位通常以計費噸為準。

• 卸貨：指由船上卸至碼頭岸肩、駁船或水面上，其單位通常以計費噸為準。[1]

---

[1]　交通部港埠業務統計名詞

https://www.motc.gov.tw/ch/home.jsp?id=61&parentpath=0%2C6&mcustomize=statistics102.jsp

後續基隆、臺中及花蓮港亦隨之開放碼頭裝卸作業民營化），船舶貨物（含貨櫃、散雜貨）裝卸業務，開放由民營船舶貨物裝卸承攬業自行承攬業務，各裝卸承攬業自行僱用裝卸搬運工人，現行碼頭貨物裝卸、倉儲作業由船舶貨物裝卸承攬業辦理。

船舶貨物裝卸承攬業及船舶理貨業管理規則（民國 101 年 8 月 22 日發布施行）第 2、3、4 條（部分）

於商港區域內，申請經營船舶貨物裝卸承攬業者，應符合最低基準……，

除符合前條規定之最低基準外，應與商港經營事業機構、航港局或行政院指定之機關合作興建或租賃經營專用碼頭，或與專用碼頭經營業者訂定船舶貨物裝卸承攬契約。

前項情形，於未開放租賃經營之碼頭，申請人應與商港經營事業機構、航港局或指定機關合作興建或租賃經營碼頭後線倉儲設施。

第一項每座專用碼頭或第二項碼頭後線倉儲設施之船舶貨物裝卸承攬業以一家經營為限，不得越區作業。但國內商港於未開放租賃經營之碼頭貨源規模不足，經航港局或指定機關同意者，不在此限。

機械化一貫作業專用碼頭：指船舶與後線倉棧（含堆貨場）間之貨物裝卸作業，均自動化機械設備操作完成，全程貨物不落地之專用碼頭。

棧埠作業機構：指經營貨物裝卸、倉儲或服務旅客之公民營事業

機構。

　　委託人：指委託棧埠作業機構作業之船舶所有人、運送人、貨物託運人或受貨人等。

7.2 裝卸業務

　　裝卸貨物是港口主要功能，港口的進出口貨物多樣化，裝載的包裝及運輸工具各不相同，針對不同的貨物及運輸工具，需採用不同的裝卸作業方法，這就是裝卸技術。裝卸技術是港口貨物的裝卸和搬運的方法和技術。根據所要裝卸貨物的種類、運輸工具的特性，將裝卸機具、倉庫設施、作業工具及人員進行合理規劃配置，確保人船貨安全、經濟有效的完成工作。

　　港口裝卸作業的一般原則：

1. 整合協調原則，船舶貨物裝卸需使用到車機船及作業工人調派分工，如有進出倉作業又可能涉及拖車、火車或駁船作業，貨主所雇用卡車車隊將貨物準時至港口碼頭交提貨，海關將貨物驗放的程序及文件等，都需事前協調以免影響到裝卸作業進行。

2. 作業安全原則，因船舶在水面上是浮動，港口船舶作業有很多職安危險因子，貨物的種類及堆放方式、船上及陸上機具操作方

式、運輸工具路線規劃、人員防護設備及機具安全檢查、作業順序等，要注意出勤前的提醒檢查及平時的教育訓練。

3. 環境保護原則，避免在貨物裝卸過程對港區陸域道路及水域的空氣、水質、噪音及動植物污染，這些貨物如危險物品、原油等裝卸過程，如無適當方法及防護設施，也會對作業人員及船舶可能會造成傷害。

什麼是港口棧埠設施（Stevedoring & Warehousing Facility）、倉庫（Warehouse）、通棧（Transit-sheds）

●棧埠設施：指商港設施中，有關貨物裝卸、倉儲、駁運作業及服務旅客之設施。

●倉庫：位於港區碼頭後線或郊區，以長期存放貨物為目的，避免貨物遭受風吹雨淋日曬之有建築物遮蔽場所，多為高層建築。

●通棧：碼頭前線倉庫，供即將裝船之出口貨或方由船上卸下之進口貨臨時存放之場所，多為空間寬闊之單層建築。[2]

---

2 交通部港埠設備統計名詞
https://www.motc.gov.tw/ch/home.jsp?id=61&parentpath=0%2C6&mcustomize=statistics102.jsp

7.3 倉儲業務

　　港口內倉儲設施為一般倉庫、保稅倉庫、自由貿易港區事業、加工出口區港區儲運中心及露天堆置場等之儲區。其功用為確保運輸、裝卸作業正常進行，防止進出口貨物滅失、損壞而提供用於保管貨物的建築物或場地。港口倉儲設施依不同用途有幾種型式：

1. 露天空地（露置場），經過整平和一般加固、沒有屋頂的場地，適用不怕雨淋、日曬的貨物，但如加蓋遮蔽物，也可適用堆放普通雜貨，按堆放貨物種類分為散貨、什雜貨及貨櫃的場地。

2. 貨棚，是一種有棚頂和支架，但四周無牆的開放式建築物，適用於臨時堆存普通雜貨，船邊等待裝卸貨作業。

3. 倉庫，是一種封閉式堆存貨物的建築物，有單層或多層高樓式，適用不宜露天堆放或海關保稅貨物，室內也可進行自由貿易港區或國際物流規定的經海關許可簡易加工等業務。

4. 筒倉，是適用存放穀類的特殊倉庫，其特性可高度使用機械化作業，但要求高度防火避免引起粉塵爆炸。

　　貨棧，係指經海關核准登記專供存儲未完成海關放行手續之進口、出口或轉運、轉口貨物之場所。倉庫依其進出口貨物的性質，配合海關的監管要求，會劃分進口貨棧、出口貨棧，儲放其中的貨物不

得混雜，堆放位置及數量異動需經海關管制。貨棧之設置，需爲堅固之建築，且具有防盜、防火、防水、通風、照明及其他確保存貨安全與便利海關管理與驗貨之設備。

　　依海關管理進出口貨棧辦法第 4 條設置之貨棧，除因特殊情形，經海關核准者外，應分兩種：

1. 進口貨棧：限存儲未完成海關放行手續之進口貨物或轉運、轉口貨物。

2. 出口貨棧：限存儲未完成海關放行手續之出口貨物。

　　海關核准登記供存儲保稅貨物之倉庫爲保稅倉庫，申請登記爲完全存儲自行進口保稅貨物、自行向國內採購保稅貨物、供重整用貨物、供免稅商店或離島免稅購物商店銷售用貨物之保稅倉庫，爲自用保稅倉庫，不得存儲非自己所有之貨物。（保稅倉庫設立及管理辦法第 2 條）

什麼是橋式貨櫃起重機（Container Gantry Crane）、
門式起重機／高架換載起重機（Transtainer）、
跨載機（Straddle Carrier）

　　•橋式貨櫃起重機：設置於碼頭岸肩，爲貨櫃輪裝卸專用機具，且需在地面鋪設軌道，以便移動，其操作靈活、快速、安全，爲貨櫃場前線主要裝卸機具。

　　•門式起重機／高架換載起重機：貨櫃場內裝卸機具之一，專

供貨櫃裝卸車用，可堆積多層貨櫃。

　　• 跨載機：貨櫃搬運機具一種，搬運貨櫃時，騎跨在貨櫃的上面，所以稱為跨載機。可供貨櫃裝卸車之用，亦可將貨櫃由堆積場直接挾至船邊裝船。[3]

7.4 貨櫃業務

　　全球海運貨櫃運輸市場競爭多變，根據英國 Drewry 海運顧問的分析，由於貨櫃運輸市場需求減弱及海運業進行併購（如 APM  Terminals（APMT）購得 Grup TCB，CMA CGM 併購 APL，Cosco 與 China Shipping 合併），全球碼頭營運業的排名將重新洗牌，這些業者需重新思考營運策略及尋找有意的購併機會。

3　交通部港埠設備統計名詞

　　https://www.motc.gov.tw/ch/home.jsp?id=61&parentpath=0%2C6&mcustomize=statistics102.jsp

表 5　全球碼頭營運商排名預測[4]

碼頭營運商	作業能量	
	2020	2018
Cosco – China Shipping	1st	4th&8th
APM Terminals	2nd	2nd
PSA International	3rd	3rd
Hutchison Ports Holding	4th	1st
DP World	5th	5th
Terminal Investment Ltd	6th	6th
CAM CGM	7th	9th

　　國外貨櫃碼頭裝卸業務有航運公司成立專門部門（或子公司）經營，並配合集團船隊航線安排在主、次要港口承租或與當地港口管理當局合作興建專用貨櫃碼頭，對全球作業模式、機具採購、人員訓練等採用一致標準，對作業效率及成本控制能享有規模經濟的益處（如丹麥 Maersk 的 APM Terminal）。

　　此外，亦有國際商港或跨國的裝卸公司在各國承租或合作興建貨櫃碼頭（如新加坡 PSA 或香港 Hutchison），其主要目的在擴大營運範圍增加公司收益來源，同樣能將母公司的作業模式（資訊系統、人

4　Drewry: Ports moving from growth to value sector
　　http://container-mag.com/2016/08/02/drewry-ports-moving-growth-value-sector/

員管理、機具使用等）複製到海外的港口，可增加收益及管理成本的分擔。

臺灣商港經營貨櫃裝卸業務的型態有三類：港務公司公用碼頭、船舶貨物裝卸承攬業、船舶運送業自營。

港務公司的公用碼頭（如基隆、高雄港）提供近洋線的小型集貨船作業，可對無專用碼頭的航商提供貨櫃轉口（運）的服務。船舶貨物裝卸承攬業承租專用貨櫃碼頭對契約客戶提供近遠洋線貨櫃船作業服務（如連海、聯興、中國貨櫃等），船舶運送業承租專用貨櫃碼頭

何謂貨櫃集散站（Container Freight Station, CFS）

交通部貨櫃集散站經營業管理規則第 2、3 條，貨櫃集散站經營業經營業務為貨櫃、櫃裝貨物之儲存、裝櫃、拆櫃、裝車、卸車及貨櫃貨物之集中、分散。貨櫃集散站經營業得兼營下列業務：

1.進口、出口、轉口與保稅倉庫。

2.其他經主管機關核准與貨櫃集散站有關之業務。

貨櫃集散站經營業，依其場站所在位置分類：

1.港口貨櫃集散站：係設於港區範圍內之貨櫃集散站。

2.內陸貨櫃集散站：係設於港區以外內陸地區之貨櫃集散站。

海關管理貨櫃集散站辦法第 2 條，貨櫃集散站（簡稱集散站）指經海關完成登記專供貨櫃及櫃裝貨物集散倉儲之場地。

是因本身的航線及航班密集，提供自有船隊優先泊靠作業，對航班的準點、裝卸效率及港口作業成本能自行控制，近因貨櫃航運公司採聯盟派船合作模式，也提供同聯盟其他船公司聯營船舶靠泊作業。

貨櫃碼頭裝卸業務一般服務項目：

1. 碼頭碇泊及帶解纜：當船舶靠（離）船席時，由船務代公司安排岸上帶解纜車輛、工具等設備，配合工作人員執行此項服務。

2. 船舶貨櫃裝卸作業服務：提供貨櫃輪裝卸服務，碼頭配置橋式起重機，後線櫃場配置門式機等，提供貨櫃裝卸作業服務。

3. 貨櫃場作業：設置自動化貨櫃管理系統，配合門式機及空櫃堆高機等作業。櫃場內規劃重櫃儲櫃區及冷凍貨櫃插座，並設置空櫃儲位。場區內並設置規劃機具設備維修保養廠、集中查驗倉庫〔含貨櫃集散站（Container Freight Station, CFS）作業〕、修洗櫃區及冷凍貨櫃預冷區等設施。

4. 貨櫃集散與拖運：處理船邊卸下的進口櫃、轉船櫃、空櫃，以拖車拖運至貨櫃場後吊下或自櫃場吊上解櫃車，再拖運至船邊的進口櫃、空櫃的吊櫃與搬運服務。進出口貨主或航商至儲運中心交、領櫃時的吊櫃服務。

5. 倉庫作業服務：提供集中查驗作業區外，另有進出口 CFS 貨物拆卸及併裝、貨櫃場（Container Yard, CY）進口申拆及特殊櫃（Out of Gauche , OOG）之大型貨物繫固、拆裝等服務。

6. 冷凍貨櫃監視：冷凍櫃 PTI（Pre-Trip Inspection ），作業人員定時

巡檢，冷凍貨櫃正常運作，抄錄溫度存檔備查。重櫃區內配置冷凍貨櫃插座，供冷凍貨櫃使用，並設置緊急發電機組，提供停電時的備援電力，確保冷凍貨櫃電力不中斷。

7. 貨櫃維修及保養：設置貨櫃維修保養單位，提供貨櫃維修、保養服務，包括清掃、水洗、化學洗、櫃體修理、油漆等。

8. 煙燻業務：提供協助進出口貨物檢疫檢查之煙燻服務。

9. 船舶給水、加油業務：在船舶泊靠碼頭期間由船務代理公司安排駁船（Barge）給水、加油工作。

　　裝卸倉儲業務是與港灣業務同為港口作業的核心業務，也是主要營業收人來源。今日港口多採取公民營事業營運裝卸業務，對貨物不同作業分類屬性，可購置專業裝卸機具及作業人員招聘，對於作業量達一定經濟規模的航商或貨主，可向港口管理機關（構）承租專用碼頭自行安排裝卸作業，對作業效率及配合供應鏈的時程要求也較能順利完成。

　　未來臺灣商港參考國際港口及航商發展模式，為了擴展營運市場規模、增加海外投資收益，對於作業技術、管理模式、發展策略，將持續朝專業化及國際化方向前進。

有用的網路資源

交通部航港局北部航務中心船舶貨物裝卸承攬業者

https://www.motcmpb.gov.tw/center_31_164.html?m=583&page=

1&pagesize=15

交通部航港局中部航務中心船舶貨物裝卸承攬業者

https://www.motcmpb.gov.tw/information_221_2980.html

交通部航港局南部航務中心船舶貨物裝卸承攬業者

https://www.motcmpb.gov.tw/information_275_3275.html

交通部航港局東部航務中心船舶貨物裝卸承攬業者

https://www.motcmpb.gov.tw/information_322_3297.html

中國貨櫃運輸股份有限公司

http://www.cctcorp.com.tw/

連海船舶貨物裝卸承攬股份有限公司

http://www.lienhai.com.tw/tw/

建新國際股份有限公司

http://www.chienshing.com.tw/dispPageBox/CSCP.aspx?ddsPageID=

CSCHABOUTA

Hong Kong Container Terminal Operators Association Limited（HKCTOA）

http://www.hkctoa.com/index

Red Hook Terminals is a muli-faceted Terminal Operator （NY/NJ）
http://redhookterminals.com/#pagetop

Terminal Operator and Stevedore
https://www.portsamerica.com/

Terminal Operator
http://www.terminaloperator.com/

蘇澳港入口大門

 夏日的陽光熱情照耀著港口的路面上，走過碼頭迎來太平洋的風，在蘇花公路上的觀景台看南方澳的景色。

〜〜 妳若安好 時時皆好日 〜〜

第八章　郵輪港口

8.1 郵輪產業經濟

　　郵輪（Cruise Ship）起源於 20 世紀初，當初是作為歐洲經大西洋與北美等地區的旅客跨洲旅遊及郵件傳送運輸工具，因此稱為郵輪，船上設有客艙及海上巡航時的娛樂餐飲設施。目前世界上各公司的郵輪其載運旅客規模因用途不一而有差異，視其旅遊地港口設施、航程長短及目標客戶、訂價策略而定，現代郵輪因船上以服務乘客及提供海上休閒活動為主，在船員配置上與一般船舶不同，工作人員與

何謂世界郵輪之都（Cruise Capital of the World）

　　美國佛羅里達州的邁阿密港被稱為世界郵輪之都，港口共有三座郵輪碼頭，每年有數以百萬計旅客透過 20 家郵輪公司的 55 艘郵輪在此港口郵輪碼頭進出，主要的旅遊目的地為巴哈馬群島、加勒比海、墨西哥及其他刺激的旅遊地。[1]

1　*Cruise Capital of the World*™
　http://www.miamidade.gov/portmiami/cruise.asp

乘客數量比約 1.5：1～2：1。

　　郵輪市場主要為北美、歐洲及亞洲地區，北美地區是全球旅客數最多，其航線在北美東岸經大西洋至歐洲古城、阿拉斯加極地、加勒比海島嶼之旅，因民眾有郵輪旅遊習慣及有豐富多元的觀光資源，吸引各國際郵輪公司在此開闢定期旅遊航線。

　　歐洲地區的郵輪業務分為沿海及內河航運，在地中海及萊茵河流域，可航行經多國區域及港口城市，中途風景及古蹟等觀光資源豐富。亞洲地區是近年郵輪旅客成長最快地區，除傳統日韓及東南亞地區，中國大陸（含長江郵輪觀光）及臺灣是郵輪旅客數成長潛力最高。

　　郵輪經濟（Cruise Economic），是郵輪旅遊活動，從旅客運輸及船舶補給、旅客旅行、港口碼頭服務過程中，相關產業在投資、營運上提供旅客滿意活動。郵輪經濟可以促進郵輪停靠港口觀光旅遊消費、船舶維修補給、服務人員就業及港口客運服務等經濟收入。[2]

　　郵輪產業（Cruise Industry），是以海上巡航的郵輪為運輸工具，提供乘客海上旅遊及停靠港口岸上觀光等服務活動，為促進此一海洋旅遊活動的船舶製造維修、船舶客貨運送、旅行代理服務、餐飲購物、港口客運設施等提供的參與行業。今日的郵輪產業會朝合併擴大經營規模，提供更現代化的服務與船舶電子航行安全設施。[3]

2　Port Economics
　　http://www.porteconomics.eu/cruise/
3　Cruise industry, Wind Rose Network

8.2 郵輪航線規劃

郵輪的發展會受到一些外在因素影響：

1. 經濟因素，北美及歐洲地區一直是郵輪行業的主要客源地，但受到歐美 2007～2008 年發生金融危機及經濟衰退，影響此地區的郵輪業發展，中國大陸則因經濟成長致郵輪旅客逐年增加。

2. 安全因素，在郵輪公司的經營理念，船上乘員及船舶安全是第一考量，因此對彎靠港口的安全檢測工作會加強作業，避免有安全危害情形發生。例如天然災害的颱風、日本 2011 年地震等，人為事故如政治及墨西哥治安問題、2020 年國際疫情流行，郵輪公司會改變原有航行及彎靠港口。

3. 燃料價格，中東及南美產油地區的政治動盪會引起原油價格大幅波動，郵輪活動主要在海上巡航及陸上旅遊，因搭載大量旅客及船員，需大量電力及動力維持高品質的服務，燃油價格會對提高其營運成本。

對於郵輪航線規劃來說，是經過經驗累積和市場調查的可靠因素來設計，特別是彎靠港口的旅遊銷售代理、港口管理機關（構）、船務代理、船上日常生活用品補給、當地旅遊機關和組織、媒體和社

http://www.windrosenetwork.com/The-Cruise-Industry

群、特殊景觀與目標客戶等，市場調查關係航線的持續性及營收，需從各相關參與業者角度檢視郵輪旅遊整體活動過程，提高消費者的滿意度及重遊的意願。

航線的規劃要能反應客戶不斷變化的旅遊需求及慾望，新港口的選擇要配合整個航程有特色，岸上觀光及巡航期間的船上娛樂節目，各國美食及免稅購物也是吸引旅客的項目之一，各型郵輪適度在各個航線進行不同調度，也會增加市場新聞性及旅客的體驗感。

郵輪岸上觀光（Cruise Landing Tour）

在郵輪出發前及航行期間都可以向遊客銷售岸上觀光行程，岸上觀光會帶來經濟效益也會增加郵輪觀光體驗，由於靠岸時間有限，交通工具的選擇範圍很大，取決於當地港口城市所能提供的情形。

岸上觀光通常透過第三方旅行社提供旅遊活動及開發岸上觀光項目（郵輪公司也有本身的旅遊業務開發並獲取收益），組織旅客活動需注意景點策劃、人員安全管理，精確配合郵輪的到離港時間，當地導遊的語言能力及對歷史文化了解，對活動有大的助益。[4]

---

4 Topology Travel
   https://www.topologytravel.com/cruise-landing-tour

主題郵輪活動

　　為了擴大客源獲得更好的經濟收益，郵輪公司會為客戶打造主題活動、開展包船業務，以吸引客源再次參加郵輪旅遊。主題活動為幾種類型：

1. 新聞發表會，如為世界各公司舉行新技術或新產品的說明會。
2. 節慶活動，如為國際運動、城市觀光活動等舉行，增加國外旅客來訪機會。
3. 商務會議，如國際組織年度會議、企業會員聯誼等。
4. 營隊活動，如配合專題研習、教育訓練、社會公益活動等。
5. 集團婚禮，如配合政府部門或社會團體辦理主題式婚禮活動。

什麼是飛航郵輪方式（Fly-Cruise）

　　Fly-Cruise 是郵輪假期的一種套裝行程模式，遊客整個行程有一段搭配飛機行程，一段是搭乘郵輪的海上行程，通常由郵輪公司整合銷售，以增加旅客的體驗新鮮度，行程一般會跨越兩個國家以上，有時郵輪的前後行程是 Fly-Cruise-Fly 模式，例如香港旅客搭機至臺灣，由港口的郵輪出發到日本後，再搭機回香港。[5]

5　Fly-Cruise? What's That? — A New Way of Travel You Never Even Knew Existed
　　https://www.tripzilla.com/princess-cruises-fly-cruise/58151

8.3 郵輪母港條件

對港口而言，爭取郵輪的彎靠可使港口的業務多元化、增加營收，對當地港口城市可增加觀光旅遊消費，郵輪在當地的蔬果食物採購也能讓國外旅客嚐鮮。因郵輪對港口環境品質、旅遊資源、交通接駁、入出境通關檢查、公共衛生、公共安全、居民友善等相當重視，港口的配合條件是爭取郵輪公司在作航線規劃的重要因素之一，特別是移民署及海關的旅客及行李檢查手續簡化程度。

郵輪港口基本為母港（Home Port）及停靠港（Port of Call），郵輪母港是郵輪出發及返回並進行補給與維修的固定港口，也是大量旅客的集散地，有可供定期及不定期郵輪泊靠的客運碼頭，還有配套的交通運輸及旅遊服務產業，按照服務涵蓋範圍又分為國際性及區域性郵輪母港。停靠港是郵輪航線中途停靠港口，尚未形成航線聚集規模，有提供郵輪泊靠及客運作業的基本設施。

郵輪母港的發展條件

郵輪母港需具有遊客集散、船舶補給及維護保養等基本功能，因此其郵輪母港發展的基本條件包括：

1. 客源市場：充足的客源是維持郵輪航線的極重要因素，除了本國旅客還要吸引國外旅客來臺灣進行跨區域的郵輪旅遊，以及進行

不同港口的航程及旅遊方式組合。

2. 地理位置：郵輪母港的選擇與郵輪公司的航線選擇有密切關係，航線及郵輪愈多則增加旅客選擇的多樣化，對郵輪相關服務輔助行業也會產生群聚效應。

3. 交通運輸：安全快速及便利舒適是郵輪旅客的基本要求，旅客及行李到終點站接駁旅行或返家，接駁系統及指引、費用等需友善。

4. 旅遊資源：港口周邊的觀光景點賣點、數量及分布範圍，與鄰近城市或國家聯繫有密切關係。

5. 商業服務：郵輪旅客到港的餐飲消費、紀念（免稅）品銷售及物流配送服務，要有大型商業設施及配套行銷措施。

6. 船舶補給：物資供應包括船舶本身的油水補充、生活日用品及垃圾清運等。

7. 金融保險：具規模的郵輪母港，本地區有金融保險的支持，對其建造新船、船舶保險、業務融資等提供經濟支援。

8. 行政支援：郵輪母港的港口管理機關（構）對通關協調、旅運中心設施維護、交通管理、郵輪行銷等，採取積極有效的協助。

　　郵輪母港的經濟效益，簡言之為下列敘述：

1. 外匯收入：郵輪為國際企業，郵輪旅客多為國際遊客，郵輪在港的各項港口費用及旅客在國內觀光消費，可增加外匯收入。

2. 增加商機：過去港口大多偏重貨運業務及國內客運，國際郵輪可增加補給、觀光服務等的商機。

3. 促進就業：郵輪公司大多會在母港設置代表處，招募船務、營業及行銷人員，相關服務業如外語導遊也會增加用人。

4. 提升形象：藉由郵輪業務的推廣，可增加國外旅客到港，增加港口城市的對外國際知名度。

5. 服務水準：郵輪對港口的安全及服務條件要求很高，引進國際規範有助對港口服務及管理水準的提升。

　　世界著名的郵輪母港城市有美國邁阿密（Miami）、紐約（New York）、西班牙巴賽隆納（Barcelona）、英國倫敦（London）、新加坡（Singapore）、加拿大溫哥華（Vancouver）。

8.4 中國大陸郵輪港口發展

　　中國大陸近年來郵輪旅客市場為亞洲第一位，也在沿海港口進行國際郵輪碼頭及附屬客運中心的新建工程，如上海、福建廈門、海南三亞、天津、香港、山東青島、浙江舟山、深圳太子灣、廣西北海等。

　　依據中國大陸 2015 年公布「全國沿海郵輪港口布局規劃方案」[6] 中要點如下：

6　中國大陸「全國沿海郵輪港口布局規劃方案」
　　http://zizhan.mot.gov.cn/zfxxgk/bnssj/zhghs/201504/t20150422_1806142.html

郵輪港口分類

1. 郵輪訪問港。郵輪訪問港是以掛靠航線為主的郵輪港口。應具備郵輪停泊、旅客和船員上下船等基本功能。訪問港一般分布在旅遊資源豐富的城市或島嶼。

2. 郵輪始發港。郵輪始發港以始發航線為主，兼顧掛靠航線的郵輪港口。除訪問港基本功能外，始發港應具備郵輪補給、垃圾污水處理，旅客通關、行李拖送，旅遊服務、船員服務等功能。始發港分布在腹地人口稠密、經濟發展水準較高、旅遊資源豐富、交通便捷的港口城市。

3. 郵輪母港。郵輪母港是郵輪旅客規模更大、服務功能較為完備和城市郵輪相關產業集聚度較高的始發港，是郵輪公司運營基地，除具備始發港基本功能外，還應具備郵輪維修保養、郵輪公司運營管理等功能。郵輪母港是市場發展到一定階段的產物，通常由郵輪公司根據市場需求、城市依託條件和企業經營戰略來確定。

發展目標

2030 年前，中國大陸沿海形成以 2～3 個郵輪母港為引領、始發港為主體、訪問港為補充的港口布局，構建能力充分、功能健全、服務優質、安全便捷的郵輪港口體系，打造一批適合大陸居民旅遊消費特點、國際知名精品郵輪航線，成為全球三大郵輪運輸市場之一，郵輪旅客輸送量位居世界前列。

布局規劃方案

　　未來一段時期，中國大陸郵輪港口發展將以始發港爲主體，本規劃重點對始發港提出布局方案。其他沿海港口根據旅遊資源和郵輪市場需求，均可作爲郵輪訪問港，滿足郵輪掛靠需要。考慮到目前我國郵輪港口在市場規模、服務功能和郵輪產業集聚程度等方面與郵輪母港的要求相比存在較大差距，郵輪母港發展建設仍需經歷較長過程，且市場將在郵輪母港形成中發揮決定性作用，本規劃不對郵輪母港進行布局。

　　我國行政院於民國 106 年 2 月通過「臺灣郵輪產業化發展策略」，近年亞洲郵輪市場持續成長，應讓郵輪產業成爲臺灣觀光產業的重要角色，如發揮基 隆、高雄等城市特色，並與國際郵輪公司配合，增加「Fly-Cruise」，提升郵輪產業經濟效益。

　　發展郵輪產業，需增加臺灣觀光吸引力，並利用結合海運跟航空的「Fly-Cruise」的作法吸引旅客，像高雄是世界上 少數國際海港跟國際航空站有捷運直接連結的城市，就有很好的「Fly-Cruise」發展條件，高雄港新建的旅運中心在 111 年底完工。高雄港旅運大樓將結合完備的旅運設施及商業功能，預計 111 年底完工後，碼頭長度爲 575 公尺，設計水深 10.5

公尺，可提供 22.5 萬噸級大型郵輪停靠，CIQS 通關速率為每小時掛靠港可通過 2500 人；母港可通過 1500 人。

有用的網路資源

台灣國際郵輪協會（INTERNATIONAL CRUISE COUNCIL TAIWAN）

http://www.icctw.com.tw/（X(1)S（23iyugkq3o3ikmdaectefhkj））/index.aspx?AspxAutoDetectCookieSupport=1

國際郵輪協會Cruise Lines International Association （CLIA）

https://www.cruising.org/cruise-vacationer

世界郵輪產業協會彙整表

http://www.khcruise.asia/wikipedia/Cruise-industry-associations

交通部觀光局

https://www.taiwan.net.tw/

香港旅遊發展局

http://www.discoverhongkong.com/tc/cruise/index.jsp

麗星郵輪（Stars Cruises）

https://www.starcruises.com/tw/tc

公主郵輪（Princess Cruises）

https://www.princess.com/

皇家加勒比郵輪（Royal Caribbean）

https://www.royalcaribbean.com/

世界郵輪一覽表（Global cruise ship）

http://www.globalcruiseship.com/list-of-cruise-ships/ship.html

臺灣港務股份有限公司郵輪專區

https://www.twport.com.tw/chinese/cp.aspx?n=92B947729C0DC8CF

Cruise Industry News

https://www.cruiseindustrynews.com/

World Cruise Industry Review

http://www.worldcruiseindustryreview.com/

馬公港旅客服務中心

 旅人的心情，每年七月的菊島，當日正當中時陽光燦爛讓人難以抬頭，清晨初起的微風卻讓人悠悠想起舊夢，澎湖灣那個老歌手。

〜〜 陽光、沙灘、仙人掌，還有未忘情的老船長 〜〜

第九章　港口安全

9.1 港口職安衛

　　港口職業安全衛生工作（Port Safety & Health）負責國內外各式船舶、作業機具及貨物裝卸動作，作業場所有陸上、海上、高空、海底、地下管道及密閉空間等，鐵公路運輸工具在碼頭交錯而行，臨海地區氣候又常影響人員作業安全，因此勞動部對有關碼頭作業機具與人員的安全維護及管理單位權責訂有相關規定以供遵守，以避免職業安全傷害的發生。以下舉例重要法規部分條文如下：

碼頭裝卸安全衛生設施標準（民國 64 年 6 月 10 日發布，103 年 9 月 5 日修正發布）

第 2 條
本標準所稱港口管理機關（構）如下：

一、商港：交通部所設國營事業機構、交通部航港局或行政院指定機關。

二、工業專用港：經濟部核准投資興建及經營管理工業專用港之公民營事業機構。

國際運輸工人聯合會（International Transport Workers' Federation, ITF）
國際勞工組織（International Labour Organization, ILO）

• 國際運輸工人聯合會[1]1896 年成立於倫敦，後移到漢堡。該組織曾因戰爭停止活動一段時間。1919 年在荷蘭鹿特丹重新組建，於 1939 年遷回倫敦。ITF 是國際運輸工人工會的聯盟。

• 國際勞工組織[2]是為了促進社會進步於 1919 年建立的，成立的目的是為了保障勞工的合法權益。ILO 總部設在日內瓦，目前有 150 個會員國。在制定政策時，各會員國的政府、雇主和工人的代表有同等權利，這在聯合國各機構中是唯一的。

第 4 條

靠泊我國港口裝卸之船舶，機具及裝卸設備，應符合船舶法及船舶設備規則等有關規定。

第 5 條

雇主對於進入港區之危險性機械或設備，應備檢查合格證明供港口管理機關（構）查驗。

1　International Transport Workers' Federation
　http://www.itfglobal.org/en/about-itf/

2　International Labour Organization
　http://www.ilo.org/global/lang--en/index.htm

第 6 條

港區內使用之裝卸機具，雇主或所有人應依相關法規規定實施定期自動檢查、重點檢查及必要之維修保養，並經常保持安全狀態。

使用前項裝卸機具者，應於使用前實施檢點；發現有異常，應妥為處理。

第一項之陸上裝卸機具，及船舶設施不符裝卸作業有關規定或有異常，因屬他人所有而雇主無權限處理者，應依下列規定辦理：

一、船上裝卸機具：要求船方改善；船方未改善者，得洽港口管理機關（構）責成改善。

二、港口管理機關（構）所有之陸上裝卸機具：協調港口管理機關（構）改善。

第 67-1 條

自營作業者準用本標準有關雇主義務之規定。

受工作場所負責人指揮或監督從事勞動之人員，於碼頭從事裝卸作業，比照該事業單位之勞工，適用本標準之規定。

　　勞動部為保障勞工作業安全，訂有職業安全衛生法及施行細則等規定，明定雇主對勞工之保護之責，港口各項作業為具有高風險性，港口管理機關（構）及在港內從事各項業務的公民營事業需依相關規定，訂定職業安全衛生管理計畫；設置安全衛生組織，實施安全衛生管理及自動檢查。

職業安全衛生法（民國 102 年 7 月日修正公布名稱及全文 55 條）

第 5 條　雇主使勞工從事工作，應在合理可行範圍內，採取必要之預防設備或措施，使勞工免於發生職業災害。

機械、設備、器具、原料、材料等物件之設計、製造或輸入者及工程之設計或施工者，應於設計、製造、輸入或施工規劃階段實施風險評估，致力防止此等物件於使用或工程施工時，發生職業災害。

第 20 條　雇主於僱用勞工時，應施行體格檢查；對在職勞工應施行下列健康檢查：

一、一般健康檢查。

二、從事特別危害健康作業者之特殊健康檢查。

三、經中央主管機關指定為特定對象及特定項目之健康檢查。

第 23 條　雇主應依其事業單位之規模、性質，訂定職業安全衛生管理計畫；並設置安全衛生組織、人員，實施安全衛生管理及自動檢查。

前項之事業單位達一定規模以上或有第十五條第一項所定之工作場所者，應建置職業安全衛生管理系統。

國際海事組織（International Maritime Organization, IMO）

國際海事組織（IMO）[3] 是聯合國所屬負責海運安全和船舶污染控制的組織。總部設在英國倫敦。1948 年在聯合國支持下召開，通過了《政府間海事協商組織公約》，1959 年 1 月 17 日在英國倫敦正式成立政府間海事協商組織，並召開了第一屆大會。1982 年 5 月 22 日改名為國際海事組織。

9.2 港口保全

港口保全（Port Security）是國際商港對防範可能的人為傷害，港區所採取的安全管理措施。世界各國對於港口及船隻都有著一些共同的安全管理規範，目的是要保障國家自身的安全和保護航行在海上船隻的安全，同時國際上如聯合國國際海事組織對船舶及港口的保全作業也有規定以供各國遵循。

緣於 1912 年鐵達尼郵輪沉沒的重大人員傷亡事件，1914 年制定了海上人命安全公約（Safety of Life at Sea, SOLAS），政府間海事諮詢組織（Inter-Governmental Maritime Consultative Organization, IMCO）便因應公約要求創立並於 1959 年正式生效。爾後於 1982 年

3　International Maritime Organization
　　http://www.imo.org/en/Pages/Default.aspx

更名為國際海事組織。

　　IMO 創立之時制定了三個階段性目標。首先修訂 SOLAS 公約、制定 MARPOL（International Convention for the Prevention of Pollution From Ships）和 STCW（International Convention on Standards of Training, Certification and Watchkeeping for Seafarers）公約以防範因意外事故、油污染或人員訓練不足等因素造成的環境損害；繼而，依據事故發生的資訊制定了遇險與安全通訊（Distress and Safety Communications）、搜索與救助（Search and Rescue）、油污染防治（Oil Pollution Preparedness）等三個公約；最後在油污染事件方面建立賠償與責任制度。

商港法（民國 101 年 3 月 1 日施行）

第 42 條　商港經營事業機構應辦理各國際商港保全評估作業，並據以擬訂保全評估報告及保全計畫，報請航港局核定後實施。

　　國際商港區域內各公民營事業機構，應依前項計畫辦理港口設施保全評估作業，並據以擬訂保全評估報告及保全計畫，報請航港局或其認可機構核定後實施。

　　國際船舶暨港口設施保全章程（International Ship and Port Facility Security Code, ISPS Code）[4]：

---

[4]　ISPS Code : The 9/11 After Effect
　　https://www.marineinsight.com/maritime-law/isps-codethe-911-after-effect/

　　ISPS Code 緣於 2001 年 9 月 11 日美國紐約遭受恐怖攻擊事件，國際海事組織（IMO）為加強海事保全，於 2002 年 12 月 12 日採納 1974 年海上人命國際安全公約（SOLAS）修正案，加強海事保全特別措施，並採納國際船舶和港口設施保全章程（ISPS Code），相關規定之實施將涉及和使用船舶與港口設施之所有人員，並需要船上人員、港口人員、乘客、貨主、船主、港口管理當局及負責保全職責之相關當局有效合作，對現行保全做法及程序重新審視，以再強化海事保全水準，保障生命財產安全。

　　港口設施保全水準（Port Facility Security Levels）[5]：

　　港口方面需設置港口設置保全組織，並且所有擔任保全人員需為訓練合格之專業人員。港口保全等級之設定分為三級：

　　Level 1 保全等級 1 為正常狀況，港口設施在正常的操作狀況。

　　Level 2 保全等級 2 為升高狀況，保全事故風險升高之狀況。

　　Level3 保全等級 3 為異常狀況，保全事故很可能發生或即將發生之狀況。

　　船岸介面作業之保全措施其六大要項為：進入港口設施、限制區域、貨物裝卸、船舶物料交付、非隨身行李裝卸、監視港口設施。

　　船舶於進港前辦理進港預報資料時應登載保全等級，船舶可透過

5　What Are The Security Levels Under ISPS Code?
　　https://www.marineinsight.com/marine-safety/security-levels-under-isps/

進港前與航管中心的 VTS 互聯了解
船舶及港口設施之保全等級，另亦可
經各港務分公司網頁查詢。

　　港口設施和船舶在下列情形下到
港可要求簽署保全聲明：

1. 來港船舶屬客船、高速客船、油輪、化學液體船、氣體載運船時。

2. 到港船舶之保全等級為 3 或高於指泊之港口設施時。

3. 到港船舶未依規定備有船舶保全計畫或指定船舶保全員時。

4. 到港船舶於一年內曾發生保全事件時。

5. 在港船舶於港口設施作業期間發生保全事件或威脅緊急提升保全
   等級時。

6. 我國政府之充分授權官員正式要求時。

9.3 天然及意外災防

　　各港口所在區域之氣候及環境不一，臺灣港口可能會遇到颱
風、地震、豪大雨等天然災害，以及衍生對港埠設施及船舶、作業人
員傷害，港口船舶及儲油設施如有災害事故，可能引發港池環境污染
及周邊社區的危害情境。

　　依中央法規訂定各項規定，港口公用事業應擬定災害防救業務計
畫，平時教育訓練、演習，一遇港口災害發生能及時通報、搶救及復
原。

災害防救法（民國 89 年 7 月 10 日公布施行，106 年 11 月 22 日修正發布）

　　災害防救法是為健全災害防救體制，強化災害防救功能，以確保人民生命、身體、財產之安全及國土之保全。港口對可能災害事故進行災害防救計畫訂定、物質及動員組織建立、各項演練及協調等。

第 2 條　本法專用名詞，定義如下：

　　　　一、災害：指下列災難所造成之禍害：

　　　　　　（一）風災、水災、震災（含土壤液化）、旱災、寒害、土石流災害、火山災害等天然災害。

　　　　　　（二）火災、爆炸、公用氣體與油料管線、輸電線路災害、礦災、空難、海難、陸上交通事故、森林火災、毒性化學物質災害、生物病原災害、動植物疫災、輻射災害、工業管線災害、懸浮微粒物質災害等災害。

　　　　二、災害防救：指災害之預防、災害發生時之應變及災後之復原重建等措施。

第 3 條　各種災害之預防、應變及復原重建，以下列機關為中央災害防救業務主管機關：

　　　　一、風災、震災（含土壤液化）、火災、爆炸、火山災害：內政部。

二、水災、旱災、礦災、工業管線災害、公用氣體與油料
　　管線、輸電線路災害：經濟部。

三、寒害、土石流災害、森林火災、動植物疫災：行政院
　　農業委員會。

四、空難、海難、陸上交通事故：交通部。

五、毒性化學物質災害、懸浮微粒物質災害：行政院環境
　　保護署。

六、生物病原災害：衛生福利部。

七、輻射災害：行政院原子能委員會。

八、其他災害：依法律規定或由中央災害防救會報指定之
　　中央災害防救業務主管機關。

第 19 條　公共事業應依災害防救基本計畫擬訂災害防救業務計畫，
　　　　送請中央目的事業主管機關核定。

　　　　中央災害防救業務主管機關應依災害防救基本計畫，就其
　　　　主管災害防救事項，擬訂災害防救業務計畫，報請中央災
　　　　害防救會報核定後實施。

災害防救法施行細則（民國 90 年月 30 日公布施行，106 年 1 月
18 日修正發布）

第 2 條　本法第二條第一款第二目所定火災以外之各類災害，其定
　　　　義如下（節錄）：

五、空難：指航空器運作中所發生之事故，造成人員傷亡、失蹤或財物損失，或航空器遭受損害或失蹤者。

六、海難：指船舶發生故障、沉沒、擱淺、碰撞、失火、爆炸或其他有關船舶、貨載、船員或旅客之非常事故者。

七、陸上交通事故：指鐵路、公路及大眾捷運等運輸系統，發生行車事故，或因天然、人為等因素，造成設施損害，致影響行車安全或導致交通陷於停頓者。

九、毒性化學物質災害：指因毒性化學物質事故，造成安全危害或環境污染者。

商港法（民國 101 年 3 月 1 日施行）

第 41 條 商港經營事業機構、航港局或指定機關應擬訂災害防救業務計畫，報請主管機關核定之。

前項計畫應定期檢討，必要時，得隨時為之。

商港區域內發生災害或緊急事故時，商港經營事業機構、航港局或指定機關得動員商港區域內各公民營事業機構之人員及裝備，並應配合有關機關之指揮及處理。

商港區域內各公民營事業機構應配合商港經營事業機構、航港局或指定機關實施災害防救演習及訓練。

海洋污染防治法（民國 89 年 11 月 1 日公布施行，103 年 6 月 4 日修正發布）

　　海洋污染防治法是為防治海洋污染，保護海洋環境，維護海洋生態，確保國民健康及永續利用海洋資源。主要規定分為基本措施、防止陸上污染源污染、防止海域工程污染、防止海上處理廢棄物污染、防止船舶對海洋污染、損害賠償責任及罰則。港口對船舶廢棄物、貨物裝卸作業、陸域工程、海事工程及航道浚挖海拋作業等進行監測、預防及清理。

第 3 條　本法專用名詞定義如下：

　　　　一、有害物質：指依聯合國國際海事組織所定國際海運危
　　　　　　險品準則所指定之物質。

第 11 條　各類港口管理機關應依本法及其他相關規定採取措施，以
　　　　防止、排除或減輕所轄港區之污染。

　　　　各類港口目的事業主管機關，應輔導所轄港區之污染改善。

第 27 條　船舶對海洋環境有造成污染之虞者，港口管理機關得禁止其航行或開航。

海洋污染防治法施行細則（民國 90 年 9 月 5 日訂定全文 25 條公布施行）

第 11 條　本法第十三條第一項所稱緊急應變計畫，其內容應包括下列事項：

一、警報、通報方式。

二、操作異常、故障及意外事故排除方法。

三、污染物清理及減輕其危害之方法。

四、需停止操作、棄置、減產之情形。

五、應變所需之器材、設備。

六、參與應變人員之任務編組及其訓練規定。

七、其他經中央主管機關指定之事項。

港口的安全對內要保護作業勞工的工作安全，依據職業安全法及相關法規辦理教育訓練及安全檢查，以確保零職災。

港口保全是國際對船舶及港口設施安全的自主管理計畫，以避免外在對船舶港口的惡意攻擊，此項計畫並配合港口的災防演練，協調各單位的資源及人力動員能力。

　　對於預防天然災害事故、降低損失，港口管理機關（構）依據商港法規定，擬訂災害防救業務計畫，報請交通部核定；每年港務公司與航港局均合作辦理港安演習。港務公司對災害應變相當重視，雖負責港口營運仍均依災害防救計畫辦理災害防救作業。

有用的網路資源

全國法規資料庫

http://law.moj.gov.tw/

行政院災害防救科技中心

https://www.ncdr.nat.gov.tw/

行政院環境保護署

https://www.epa.gov.tw/mp.asp?mp=epa

交通部中央氣象局

http://www.cwb.gov.tw/V7/index.htm

勞動部

https://www.mol.gov.tw/

勞動部職業安全衛生署

https://www.osha.gov.tw/

衛生福利部疾病管制署

http://www.cdc.gov.tw/rwd

職業安全衛生教育訓練網

https://trains.osha.gov.tw/

內政部消防署

http://www.nfa.gov.tw/cht/?

中華民國職業安全衛生協會

http://www.twd.org.tw/2014/

國立臺灣海洋大學海洋數位典藏

http://meda.ntou.edu.tw/

Port security, Port of Gothenburg
https://www.portofgothenburg.com/maritime/portsecurity/

Port security, Port of Rotterdam
https://www.portofrotterdam.com/en/shipping/port-security

Port security, Port security USA
http://portsecurityusa.com/port-security/

布袋港行政大樓

昔日的「小上海」，現在夏日是往澎湖馬公的熱門客運航線，有在地人純樸及熱情的陽光，冬天天氣就變臉玩起大風吹遊戲，現在布袋國內商港也將整理轉換面貌。

～～ 如何不想她 ～～

第十章 港口物流

10.1 物流與運輸

　　運輸（Transport）大意係指使用各種運輸工具（簡稱運具）、動力及通路，將人或貨物從甲地移至乙地，藉以克服空間障礙及縮短時

何謂國際物流中心貨物的簡易加工
（Simple Processing Operations）

簡易加工[1]，指對儲存貨物從事下列行為之一者：

1.檢驗、測試。

2.整補修理或加貼標籤。

3.依性質、形狀、大小、顏色等特徵區分等級或類別。

4.切割。

5.利用人力或簡單工具組合。

6.重行改裝或另加包裝

1　外國大陸地區香港或澳門營利事業於自由貿易港區從事貨物儲存或簡易
　加工免徵營利事業所得稅辦法第 2 條

間距離的一種經濟活動。運輸可將人與貨物安全、便利、經濟、迅速、舒適地從甲地運送到乙地，以創造「空間效用」及「時間效用」的最大滿足運用。

物流（Logistics）是民間對軍事領域後勤概念的用語。物流大意是一套通過計算、規劃來控制原材料、半成品、成品或資訊在買賣、倉儲不同部門之間轉運的管理系統。物料從供給者到需求者的運輸運動，是創造「時間效用」、「空間效用」和一定的加工價值的經濟活動。物流是物品從供應者向需求者的物理移動，它由一系列創造時間效用和空間效用的經濟活動組成，包括運輸、保管、配送、包裝、裝卸、流通加工及處理等多項基本活動，物流是這些活動的綜合稱呼。

物流運輸的「時間效用」是創造貨物在不同時間的經濟效益，如農漁產品加工保存在不同時間銷售；「空間效用」是創造貨物在不同地域的經濟價值，如消費用品在跨國、跨區域之間的銷售活動。

運輸在物流活動中的作用，它是物流的主要功能之一，也是核心活動。運輸工具的選擇也會決定貨物的包裝方式及運送設計，儲存能量及配送密度；運輸費用也是物流活動的主要成本項目，透過合適運輸規劃可降低物流費用，提高物流效率。

何謂國際物流事業（International Logistics Business）

國際物流事業[2]，指以提供國際物流服務為主要業務，且其投資計畫經經濟部專案核准從事下列全球運籌服務之一之公司：

1. 加值併貨與物流配銷服務：接受國內外廠商委託，從事國內外原物料、半成品或成品集結倉儲、庫存管理、轉運及配送業務，進行重整、測試、檢驗、簡易加工、提供複委託加工或其他相關服務後再出口。

2. 售後維修服務：接受國內外廠商委託，從事國內外廠商維修零組件之庫存管理及客戶退修品之物流、通關業務，進行測試、檢驗、維修、複委託維修、測試、檢驗或其他相關服務後再出口。

港口與物流的發展是相輔相成，國際貿易貨物更是以港口為集散中心，沿海港口是鐵公路的聯運轉運交匯地點。物流的發展使港口的經濟腹地及功能進一步擴展成為綜合作業平台，也能促進港口城市經濟的相關產業發展。

---

[2]　新興重要策略性產業屬於國際物流事業部分獎勵辦法第 2 條（民國 100年 3 月 11 日廢止）

　　現代港口物流的形成因素：

1. 現代物流業發展促進港口物流形成，國際貿易自由化、供應鏈跨國企業整合，港口不再僅有裝卸及倉儲功能，也參與貿易及經濟的發展演化，港口水陸運輸的中轉位置，使港口與運輸、加工製造、倉儲及商業企業有關係，現代物流供應鏈與的過程都與港口有密切關係。

2. 船舶大型化對港口物流的需求，船公司爲了規模經濟的效益，採用超大型船舶，對港口的港灣及裝卸服務水準要求提高，縮短船舶在港時間及加快貨物周轉時間，形成對綜合物流服務的需求。

3. 港口向現代物流樞紐方向發展，港口有良好的運輸與倉儲基礎設施，以及從事船務報關、裝卸、加工流通的相關企業，港口不僅有傳統物流中心的功能，並具有流通加工、銷售展覽及資訊情報的功能。

　　港口物流的一般解釋，是以港口作爲整個物流活動的樞鈕基地和服務平台，運用港口的運輸、配送、各式運具相通及資訊交換特性，進行貨物的各項加值服務。

何謂多國貨櫃（物）集併通關作業
（Multiple Country Consolidation, MCC）[3]

• 多國貨櫃（物）集併通關作業（簡稱 MCC）：指海運載運入境之貨櫃（物），進儲海關核准之集散站轉口倉庫或轉口倉間，在未改變該貨物之原包裝型態（不拆及包件），辦理併櫃作業及申報轉運出口之通關程序。

• MCC 貨物：指以多國貨櫃（物）集併作業方式辦理通關之轉口貨物。

• MCC 資訊平台：指經海關核可，以使用者名義向海關申請貨物轉運出口及集併裝櫃作業之加值資訊系統。

10.2 物流與航運

隨著國際自由貿易的發展，供應鏈多國作業的模式，運輸業逐漸向物流業轉型，運輸是物流作業環節的核心之一，航運業也朝向綜合物流服務提供的方向轉型。航運市場受外在因素影響波動很大，為吸引長期客

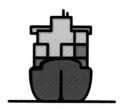

3　轉口貨物通關及管理作業要點
　　http://law-out.mof.gov.tw/LawContentDetails.aspx?id=FL006332

戶，透過提供客製化物流加值服務，與大型貨主形成夥伴關係，成為航航運業向提供物流服務發展的原因：

1. 穩定貨源，使營運設施運用最適化。航運市場貨源在數量、流向及時間上有不確定性，透過與貨主簽訂長期運送契約，是航運業普遍作法。隨著國際企業在多國採購、加工、組裝，儲存地點及配送對象多元化，提供整合性物流服務成為跨國公司需求，船公司透過物流服務穩固長期客戶貨源，可妥善運用本身船舶及港口碼頭設施。

2. 整合服務，使管理成本能有效預測。在物流系統的整合有效運作，航運業能對每個物流環節進行管控，對基礎設施的投資、物流成本做慎密的長期規劃，通過提高運輸及倉儲的有效率作業，提高航運業的利潤及市場競爭力。

3. 深化市場，擴展加值服務項目。航運物流除傳統運輸的角色外，還要在時間、使用價值和功能上創造附加效益。對貨主提供戶對戶運輸、倉儲管理、簡易加工、流通配送等，配合電子商務可創造不同商業營運模式。

4. 提升技術，增加航運業市場競爭力。整合的資訊服務及貨物管理、貨況追蹤能力，提告競爭者的技術進入門檻。

好好國際物流案例

高雄物流中心一期

　　高雄國際物流中心為臺灣第一座整合國際運輸、國內配送、倉儲管理、流通加工等之全方位國際物流中心。於 2002 年 10 月取得「國際物流中心」執照，藉由「二十四小時受理通關作業」、「業者自主管理」、「海關不押運」、「進儲之貨物無存儲期間之限制」、「海關以風險管理理念降低查驗比率，簡化作業流程，加速通關」等特點，為國內外廠商提供良好之整體物流環境，以專屬的訂單管理、倉儲管理、多國配送、流通加工、多國拆併櫃、海內外發貨中心、供應商庫存管理等專業服務，滿足客戶多樣化需求。

　　高雄國際物流中心位於高雄港第三貨櫃中心，鄰近碼頭、小港國際機場及中山高速公路，不僅可以作為客戶的亞太地區物流基地，快速地將客戶的貨物運送到日本、中國、香港、菲律賓及越南等鄰近國家，亦能便捷地作為臺灣地區的發貨配送中心，優越的交通地理位置，是進行倉儲物流作業的理想地點。

高雄物流中心二期

　　為因應冷凍倉儲市場之快速成長，好好物流在 2007 年新建完成的第二期物流中心為臺灣第一座多溫層的國際物流中心，總樓地板面積為 17,443 平方公尺，區分為常溫恆溫（溫、溼度可客製化作調

整）、低溫冷藏（0～7℃）、低溫冷凍（－25℃±2℃），主要針對各種不同溫層物品提供優質儲存環境。

臺北港冷鏈物流中心

好好立和國際物流股份有限公司成立於西元 2013 年，由好好物流與立和物流合資設立，主要提供保稅／一般倉庫、國際轉運、國內配送、存貨管理、報關、流通加工等加值服務，爲一座多溫層低溫倉庫。

- 倉儲面積：8,765 平方公尺，約 6,000 個儲位。
- 倉儲性質：自由貿易港區事業（FTZ）及國際物流中心（ILC）。
- 功能：

  1. 一般倉儲／自由貿易港區（FTZ）／國際物流中心（ILC）：境內關外營運模式，貨物重整與簡易加工。
  2. 恆溫儲存：溫度 18～25℃、溼度 55～65%，適合花卉、高科技零件。
  3. 冷藏儲存：溫度 0～7℃、溼度 70～95%，適合冷藏蔬果。
  4. 冷凍儲存：溫度－23±2℃，適合冷凍水產、食品。

- 倉儲系統：倉庫管理系統（WMS, Warehouse Management System）。
- 特點：

1. 可客製化調整倉庫溫度。

2. 全程溫度監控與記錄。

3. 流通加工。

4. 結合國內低溫配送與國際冷櫃運輸。

5. 貨物保稅操作。

10.3 港口貨櫃中心

貨櫃是現代港口物流的主要運輸工具，標準化的規格可在不同運具間裝卸轉換進行聯合運輸，海運貨櫃即在港口貨櫃中心集散站，進行貨櫃儲轉及貨櫃貨的併裝、配送發貨等物流作業。

海關管理貨櫃集散站辦法（民國 58 年 1 月 17 日訂定發布，106 年 9 月 5 日修正發布）

第 2 條　本辦法所稱貨櫃，指供裝運進出口貨物或轉運、轉口貨物特備之容器，其構造與規格及應有之標誌與號碼，悉依國際貨櫃報關公約之規定。貨櫃內裝有貨物者，稱實貨櫃；未裝有貨物者，稱空貨櫃；實貨櫃內所裝運之進口、轉運、轉口貨物如屬同一收貨人，或出口、轉口貨物如屬同一發貨人者，為整裝貨櫃；其進口、轉運、轉口貨物如屬不同一收貨人或出口、轉口貨物不屬同一發貨人者，為合

裝貨櫃。

前項所稱同一收貨人，應以進口貨物艙單記載者爲準；所稱同一發貨人，應以出口貨物艙單記載者爲準。

本辦法所稱貨櫃集散站（以下簡稱集散站）指經海關完成登記專供貨櫃及櫃裝貨物集散倉儲之場地。

本辦法所稱多國貨櫃（物）集併通關作業，指海運載運入境之貨櫃（物），進儲海關核准之集散站轉口倉庫或轉口倉間，在未改變該貨物之原包裝型態（不拆及包件），辦理併櫃作業及申報轉運出口之通關程序。

第 5 條 集散站應設置貨櫃集中查驗區域以供海關查驗貨物。集中查驗區域之設置需有明顯標示，其面積、查驗場所、遮雨棚、照明燈具、機具、電源插座及其搬運工人等應配合海關查驗需要設置。新設立之集散站並應有固定式之拖靠月台。但設置於國際港口管制區內之集散站，其出口整裝貨櫃之查驗作業月台，得以活動式之平面拖靠月台替代。

集散站應設置電腦及相關連線設備以電子資料傳輸方式處理業務。其作業規定，由海關訂定並公告。

第 10 條 集散站內之進口倉庫、出口倉庫及轉口倉庫比照海關管理進出口貨棧辦法之有關規定辦理；集散站內之保稅倉庫依保稅倉庫設立及管理辦法之規定辦理。

集散站業者應配合中央水利主管機關、地方政府、航政機關、警政機關及海關等有關機關勘察貨櫃堆置之安全管理。

貨櫃集散站經營業管理規則（民國 63 年 7 月 27 日訂定發布，105 年 8 月 2 日修正發布）

第 2 條　貨櫃集散站經營業經營業務為貨櫃、櫃裝貨物之儲存、裝櫃、拆櫃、裝車、卸車及貨櫃貨物之集中、分散。

　　　　　貨櫃集散站經營業得兼營下列業務：

　　　　　一、進口、出口、轉口與保稅倉庫。

　　　　　二、其他經主管機關核准與貨櫃集散站有關之業務。

第 3 條　貨櫃集散站經營業，依其場站所在位置分類如下：

　　　　　一、港口貨櫃集散站：係設於港區範圍內之貨櫃集散站。

　　　　　二、內陸貨櫃集散站：係設於港區以外內陸地區之貨櫃集散站。

何謂 TEU（Twenty-foot Equivalent Unit）

20 呎標準貨櫃（Twenty-foot Equivalent Unit，TEU 或 teu），「20 呎標準貨櫃」常用來形容衡量貨櫃船及貨櫃碼頭的作業能量。20 英呎長的貨櫃是一個標準大小的金屬箱子長度，方便使用於不同運輸方式如船舶、火車和卡車的運送轉換。另一個是 40 呎標準貨櫃（Forty-foot Equivalent Unit, FEU），指兩個標準貨櫃單位。[4]

---

[4]　Twenty-foot equivalent unit, Ports Shipping Logistics
　　http://portsandshipping.blogspot.tw/2012/06/twenty-foot-equivalent-unit.html

　　港口的貨櫃中心（Container Terminal, CT）的高度機械自動作業、有效率的貨櫃儲轉運輸作業、協同貨櫃船貨櫃裝卸動作，形成完整緊密且時間緊湊的物流作業，貨櫃中心一般具有作業碼頭、貨櫃場（CY）、貨櫃集散站（CFS）、控制室、行政辦公室、管制站（Gate）和維修廠。

1. 貨櫃碼頭，是供船舶進行貨櫃作業的船席（Quayside）及後線場地（Yard），隨著船舶大型化的發展，貨櫃碼頭的碼頭長度及水深也不斷加大及加深。

2. 貨櫃場，是供貨櫃碼頭內貨櫃暫時堆存的場地，有前線及後線場地之分。前方堆置場（Marshalling Yard, MY）是位於碼頭岸線至後線場地之間，供船舶裝卸時的暫時堆存地區。後方堆置場（Back-up Yard）是供空櫃及重櫃保管的場地，包括轉口區、進口重櫃區、空櫃區、冷藏櫃（電力插座）及裝載危險品櫃區域等。

3. 貨櫃集散站，是指為併櫃貨（Less than Container Loading, LCL）進行拆櫃或裝櫃作業，它與一般倉庫保管貨物功能不同，是供貨櫃進行貨物拆併作業，隨著貨櫃碼頭的作業量增大，船公司將空櫃及集散站移至碼頭外作業，這些區外的貨櫃場合及集散站稱為場站（Depot）。

4. 控制室又稱控制中心，是運用計算機系統和無線通訊系統等，對現場作業進行指揮、協調及監視的場所。

5. 管制站又稱閘口，是貨櫃碼頭的貨車出入口，在管制站要檢查及

核對貨櫃櫃號及貨運單據等，配合海關監管需要及船舶積載安全會設置監視管制及地磅等設備。

6. 維修廠，是對貨櫃及裝卸機具進行保養及修理的地方，進行清洗、焊接、更換零附件等。

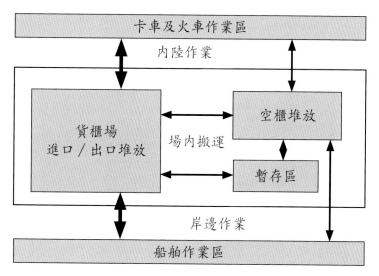

圖3 港口貨櫃中心布置示意圖[5]

其他設施還有加油站、配件庫、餐廳、員工宿舍及水電、通訊等公共設施等。

貨櫃儲運現場管理下列事項：

1. 貨櫃碼頭裝卸作業督導管理及政令宣導事項。

---

5 Maritime container terminal

http://www.container-transportation.com/container-terminal.html

2. 貨櫃碼頭作業申請書表單查核、簽證及結報事項。

3. 貨櫃碼頭裝卸作業勞工安全衛生業務督導事項。

4. 貨櫃碼頭裝卸作業違規案件處理事項。

5. 貨櫃碼頭現場意外及偶發事件處理事項。

6. 貨櫃儲運作業之收授、儲放、保管、管制、提運、轉運等事項。

7. 進口及出口貨櫃查驗業務之督導、管制及協調事項。

8. 貨櫃裝卸業務之督導管理及協調事項。

9. 貨櫃碼頭、場站及場區環境清潔維護與督導事項。

10.貨櫃場區設施、貨櫃機具、機電設備維護與管理事項。

何謂倉儲管理系統（WMS）[6]

倉儲管理系統是一套用於管理倉庫或者物流配送中心的電腦軟體系統，它對倉庫內的各類資源進行規劃、組織、指引和控制，對貨物的存儲與移動（入庫、出庫、庫內移動）進行管理，並進行作業人員的績效管理。

目前，許多物流業已認識到企業管理資訊對物流發展的策略意義，從財務軟體、進銷存軟體 CIMS，從 MRP、MRPII 到 ERP，代表了物流業從人工的倉庫管理走向以資訊整合管理的潮流。

6　What is a Warehouse Management System (WMS)?
　　https://erpblog.iqms.com/what-is-warehouse-management-system/

10.4 倉儲管理

港口倉庫或場地貨棧，是提供貨物進行船公司於裝卸作業後進行貨主提交貨運送前，中途儲放的場所，也是應關務規定進行暫時監管的場所。在現代運輸的環節中，出口貨物從各地運抵港口進行集中和併裝組合等待船期；進口貨物運抵港口後，因不同貨主提貨時間、分送地點不同，需先行進倉儲存一段時間；如為轉口（運）貨物，尚需另外設立倉庫位置與進出口貨物儲放位置作區隔。

港口倉庫或場地貨棧的主要功能：

1. 貨物的集散功能，進口貨物為使船舶能快速卸貨後進行裝貨離港，避免船舶滯港時間過久影響到下一港口航程，會將貨物先行倉儲，再由貨主於不同時間及運用不同運具分送到各地。出口貨物在港口倉儲場所先進行分批集中或組合整理，依抵達下一港口別順序及貨載安全因素，進行裝船作業。

2. 裝卸調節緩衝功能，由於不同貨主提交貨時間不一，碼頭作業需配合作業效率及車輛、機械，有時因應氣候變化為保護貨物安全，貨物需先行倉庫暫時儲存作一調節動作，在船、貨及運送工具間作緩衝。

3. 保管及簡易加工功能，現代物流在港口的物流中心或自由貿易港區倉庫的功能異於傳統倉庫保管儲存角色。現在物流倉庫在國家

政策及海關許可下，可進行貨物的分裝、組合、包裝加工及檢修等作業。

港口的各式倉儲設施是商港進出口作業的必要設施之一，倉租也是重要收入來源，為了因應貨物成長需求、貨物種類及包裝多元化及裝卸技術進步，以及滿足貨主儲存要求，港口需不斷改善倉儲管理作業：

1. 建立良好管理制度，對設施進行規劃、標準化管理，進行倉管人員訓練使具有專業技能。

2. 應用科學管理方法，對貨物堆存、核對驗收方式、機具使用調派及作業程序進行計算，提高倉儲設施的使用周轉率，讓貨物進出順暢。

3. 貨物庫存管理，規定進出倉程序，配合海關規定放行，對貨物數量、儲放位置、異動情形等，進行資料輸入填報、庫存報表製作及傳送、統計分析及進行作業規劃。

4. 其他行政管理，各種庫存作業統計、報表、出勤管理、設施安全維護等工作。

港口的倉庫及貨棧作業項目

倉儲行政管理事項：

1. 倉棧運用及規劃事項。

2. 進出口貨物進倉申請案件及艙單資料處理事項。

3. 存倉貨物損害賠償及逾期貨物處理事項。

4. 貨棧登記證之申請、變更、撤銷、換照及相關海關業務事項。

5. 倉棧設施報廢、維修執行事項。

6. 有關消防、防颱、防災及動員業務事項。

7. 港區鐵路平交道看柵事項。

8. 碼頭倉棧、辦公處所等出（退）租案件處理事項。

9. 倉棧設施遭受損壞案件處理事項。

10. 倉位準備分配，參與船席調配與棧埠作業相關協調事項。

11. 進出口整裝貨櫃查驗業務及相關證照之申請、變更、換照事項。

12. 港區交通管理執行事項。

13. 食儲業務資料統計事項。

　　各通棧（倉庫）業務管理事項：

1. 庫區設施維護及管理事項。

2. 庫區各項作業申請書表單查核、簽證及結報事項。

3. 裝卸作業督導及政令宣導事項。

4. 裝卸作業勞工安全衛生業務督導事項。

5. 裝卸作業違規案件處理事項。

6. 現場意外及偶發事件處理事項。

7. 存倉貨物（含廢棄物及地腳品）之收授、分嘜、歸堆及保管事項。

8. 進倉貨物短卸、多卸及破件處理事項。

9. 倉棧安全及庫區（含租賃區）環境清潔維護與督導事項。

10.租賃區之作業督導及出租設施之巡查管理事項。

10.5 物流園區

商港物流作業地點一般爲港區貨棧或貨櫃中心，港口爲發展物流中心業務及形成群聚效果，會在港口設立物流園區（Logistics park），自由貿易港區內之事業就具有經營國際物流業務特性，現行由交通部航港局及財政部關務署主管自由貿易港區及通關業務。

自由貿易港區設置管理條例（民國 92 年 7 月 23 日發布施行，101 年 12 月 28 日修正公布）

第 3 條　本條例用詞定義如下：

　　一、自由港區：指經行政院核定於國際航空站、國際港口管制區域內；或毗鄰地區劃設管制範圍；或與國際航空站、國際港口管制區域間，能運用科技設施進行周延之貨況追蹤系統，並經行政院核定設置管制區域進行國內外商務活動之區域。

　　二、自由港區事業：指經核准在自由港區內從事貿易、倉儲、物流、貨櫃（物）之集散、轉口、轉運、承攬運

送、報關服務、組裝、重整、包裝、修理、裝配、加
工、製造、檢驗、測試、展覽或技術服務之事業。

三、自由港區事業以外之事業：指金融、裝卸、餐飲、旅
館、商業會議、交通轉運及其他前款以外經核准在自
由港區營運之事業。

自由貿易港區事業營運管理辦法（民國 93 年 9 月 10 日發布施行，
102 年 7 月 22 日修正公布）

第 10 條　自由港區事業經營港區貨棧，其設施、設備應符合海關管
理進出口貨棧辦法等相關規定，於取得管理機關營運許可
後，憑管理機關營運許可文件，向海關辦理公告監管編號
及卸存地點代碼。

申請經營自由港區事業取得籌設許可後，其經營港區貨棧
者於籌設期間如需進儲自用機器、設備，應憑籌設許可文
件向海關申請核發臨時監管編號並辦理通報（關）。

自由貿易港區貨物通關管理辦法（民國 92 年 12 月 8 日發布施行，
105 年 11 月 9 日修正全文公布）

第 2 條　本辦法所稱港區貨棧，指自由貿易港區管理機關設立或經
其核准設立，具有與港區門哨單位電腦連線之設備，及可
供自由港區事業貨物存儲、進出區貨物查驗、拆裝盤（櫃）
之場所。

物流中心貨物通關辦法（民國 89 年 3 月 21 日發布施行，106 年 5 月 19 日修正公布）

第 3 條　本辦法所稱物流中心，指經海關核准登記以主要經營保稅貨物倉儲、轉運及配送業務之保稅場所。

物流中心得經海關核准，於不同地址另設分支物流中心。

各分支物流中心除資本額外，應依本辦法有關規定辦理登記、管理及通關，並分別獨立設帳控管貨物之進出。

物流中心內得進行因物流必須之重整及簡單加工。

　　港口從基本功能就是一個物流基地、轉運樞紐、國內外物流節點，是運輸倉儲業的匯集地，主要從事進出口貨物的裝卸疏運。

　　港口在現代物流產業發展中的功能主要在以港口的運輸和倉儲轉運功能爲基礎，建立強大的現代物流系統，繼而發展倉儲、配送、加工改裝、包裝等產業，帶動整個港口及都市產業帶的發展。

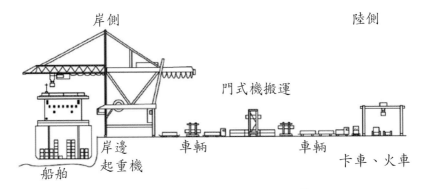

圖 4　港口貨櫃中心作業示意圖[7]

7　Schematic representation of a container terminal

　　港口物流服務基本可分為三個層級：一是以貨物裝卸為主的核心服務；二是利用不同的裝卸機械、運輸工具，在碼頭完成貨物裝卸、運輸、堆置、儲存的輔助服務；三是向貨主提供專業、便捷貨物交接的專業服務。而利用 EDI、INTERNET 等資訊技術，將港與港、港口與海關、貨主、運送人連線，形成一公共的資訊平台，提供如貨主貨況追蹤、貨物交接單據、辦理和管理提單、通關、聯運、倉儲儲存情況、船期預告、船席使用情況、貨運市場行情等訊息，將是港口發展國際物流的基礎設施。

何謂貨況追蹤系統（Cargo Tracking Management System）

　　貨況追蹤行動裝置應用系統，可藉由貨物在運送途中所處之環境動態的透明化，結合行動裝置的應用，以優化及時追蹤或事後品管的作業效率，主要功能在蒐集貨物出廠後至收貨人簽收為止的貨物動態訊息。[8]廣泛應用在海運貨櫃及物流中心的貨物的各個運輸階段追蹤。

---

https://www.researchgate.net/figure/275531709_Fig-1-Schematic-representation-of-a-container-terminal-Steenken-et-al-2004

8　跨國貨況與品質追蹤系統技術，工業技術研究院
https://www.itri.org.tw/chi/Content/techTransfer/tech_tran_cont.aspx?&SiteID=1&MmmID=620621110650707703&ST=D&TD=B&OZ=&MSid=4729

有用的網路資源

中華民國物流協會

http://www.talm.org.tw/

台灣國際物流暨供應鏈協會

http://www.tilagls.org.tw/

社團法人台灣全球運籌發展協會

http://www.glct.org.tw/

物流技術與戰略

https://www.logisticnet.com.tw/

智慧商業暨物流知識服務網

https://gcis.nat.gov.tw/like/

香港物流發展局

https://www.logisticshk.gov.hk/chinese/about/welcome.html

香港航運物流協會

http://hkstlabud.hkpc.org/main/index.aspx

好好國際物流股份有限公司

http://www.yeslogistics.com/yeslogistics/001/

長榮物流股份有限公司

https://www.evergreen-logistics.com/STATIC/tw/jsp/

APL Logistics

http://www.apllogistics.com/

A.P. Moller - Maersk

https://www.maersk.com/

OOCL Logistics

https://www.oocllogistics.com/eng/Pages/default.aspx

Yusen Logistics

https://www.yusen-logistics.com/

Seatrade Maritime News – Port & Logistics

http://www.seatrade-maritime.com/sectors/ports-and-logistics.html

高雄港好好國際物流中心

港區的各式倉庫落落散布在碼頭周圍，有的似歷史歲月留下痕跡的老人，有的像持高科技工具的超人，不變的是吸納來自世界各地的貨物，又整理運送至各個目的地，視每個貨物如己有。

~~ 因為懂得，所以珍惜 ~~

第十一章 智慧港口

11.1 中國大陸智慧港口發展

　　港口的發展在經歷貨物運輸、加工製造、商務貿易的階段性發展，隨著計算機運算應用及無線網路通訊技術的普遍使用，港口的運輸與物流作業也演進到突破性的轉折發展點。港口過去的競爭比較在貨運吞吐量大小，今日為因應自由貿易、跨國製造、多國配送、貨物加值服務等，港口作業要能配合客戶多元化需求；另船舶大型化趨勢及貨物採轉運中心快速集疏運的模式（Hub-Spoke），港口更要對到港船舶及貨物裝卸的作業，提供更快速的資訊交換、作業規劃、客製化服務等，良好管理觀念、完善系統設計、應用先進技術，這將是新一代港口的軟實力競爭發展趨勢。

　　智慧港口（Intelligent Port）是指運用物聯網（Internet of Thins）、無限感測網（Wireless Sensor Networks）、雲端運算（Cloud Computing）、大數據（Big Data）、決策分析最佳化等智慧技術手段進行深入感知、廣泛連接、深度計算港口供應鏈各核心的關鍵資訊，實現港口供應鏈上的各種資源和各個參與方之間無縫連接與協調聯動，從而對港口管理運作做出智慧回應，形成資訊化、智慧化、最佳

智慧港口（Intelligent Port）示範工程[1]

2017 年 1 月 24 日中國大陸「交通運輸部」發布《關於開展智慧港口示範工程的通知》，決定以港口智慧物流、危險貨物安全管理等方面為重點，選取一批港口開展智慧港口示範工程建設，創新以港口為樞紐的物流服務模式、安全監測監管方式，以推動實現「貨運一單制、信息一網通」的港口物流運作體系，逐步形成「數據一個庫、監管一張網」的港口危險貨物安全管理體系。

示範工程的主要工作任務為推進港口智慧物流建設和實現港口危險貨物管理與監管的智能化。智慧港口示範工程申請條件包括：具有一定的業務規模、資訊化基礎條件好、實施方案明確，概念清晰，創新方向明確，符合管理需求，並具有充足的配合資金。

化的現代港口。

中國大陸 2013 年起推動「一帶一路」發展策略，對港口跨境運輸發展迅速，作業與管理需能及時反應，促成中國大陸發展智慧港口管理模式的因素：

1. 港口貨運量增加對服務能力要求更高。巨大的貨運需求，由此帶來的更高的港口服務能力需求，已經促使大港率先走向智慧化進

---

1 中國大陸「交通運輸部」關於開展智慧港口示範工程的通知
   http://zizhan.mot.gov.cn/zfxxgk/bnssj/syj/201701/t20170125_2158747.html

程，以提升貨運容納能力和效率，主動應對日益提升的客戶需求，提高自身競爭力。

2. 港口將從傳統業務向貿易加工保稅綜合物流服務轉型。各國自由貿易協定區域，也包括次區域合作區、經濟走廊、跨國運輸線等，相關倉儲物流、國際採購、分銷和配送、國際中轉、檢測和售後服務維修、商品展示、產品研發和加工製造等港口功能需求將會日益強烈，港口從傳統業務向貿易加工保稅綜合物流服務轉型，對資訊化服務能力要求也將提高。

3. 港口運營管理能力要求不斷提高。港口貨運量的增加，更會為港口的運營管理能力提出更高要求。而智慧化港口建設將會彌補傳統港口管理的不足，從而幫助港口提升運營能力、貨運調度能力和通關、監管效率，使港口能面對巨大的貨運增加量。

4. 港口之間營運合作量不斷增加。加強港口的營運合作不僅需要運輸網路的聯接，更需要加快各港口資訊化建設，從而整合港口服務平台和資訊網路，促進資金、資訊、技術、商品、人才等在各港口經濟帶之間自由流動和最佳組合。

11.2 智慧港口的功能

從中國大陸智慧港口的整體建設功能架構上看，重點功能體系包括以下主要內容：

1. 港口客戶管理系統。提供港口基本資訊資料、客戶服務指南、港口業務流程介紹、業務手續申請辦理等資訊。此外，在海量資訊累積的基礎上，建立企業的誠信管理資訊資料庫和企業信用評價機制。

2. 港口生產管理系統。貫穿著港口的生產作業管理的各個環節，重點展開港口生產作業管理自動化、資訊化與智慧化。主要包括貨櫃碼頭無人管制站、港口門禁與大宗貨物疏運管理、智慧櫃場管理和智慧城市等功能。

3. 港口營運服務系統。建構港口生產調度指揮中心平台，實現港口作業協調、資訊共用和生產動態監控；優化完善貨櫃及各專業碼頭生產系統；建設港口生產安全應變平台，提高生產安全監控和事故應變決策指揮能力。

4. 港口專業區管理系統。借鏡國際港口「單一窗口」建設理念，探索物聯網和雲端計算等先進技術的示範應用，拓展電子港口物流商務服務，擴大港口物流供應鏈全程聯網應用範圍。

5. 港口交通管理系統。港區智慧交通體系的建設，依據建置於物聯網的物流公共資訊平台。通過為道路貨櫃運輸車輛配置 RFID 電子標籤，建設覆蓋港區、碼頭、堆場、物流園區等區域的貨物、貨櫃、運輸工具識別的傳輸感應網路，實現港區碼頭的物流資訊蒐集、資料交換和共用。

6. 港口物流管理系統。智慧物流是利用整合智慧化技術，使物流系

統能模仿人的智慧，具有思維、感知、學習、推理判斷和自行解決物流中某些問題的能力。智慧物流在港口的流通過程中基於RFID技術獲取資訊，從而分析資訊做出決策，使商品從源頭開始被實施跟蹤與管理，實現資訊流快於實體物流。

7. 港口安全防護管理系統。主要包括智慧視訊監控與分析、管制區域報警管理和港區地理資訊服務等功能系統。

8. 資料管理中心。通過「資料匯流」功能與港口碼頭、專業區業務單位乃至監督主管機構等系統進行資料介接，完善物流、通關、貿易、金融、保險等資訊元的智慧採集、處理、分析和決策支援。

無限感測網（Wireless Sensor Networks）、雲端運算（Cloud Computing）、航運大數據（Shipping Big Data）

• 無限感測網[2]：在無線感測網路中，感測器和無線網路是兩大核心。整個系統是由大量具備通訊能力的感測節點組成，元件上可攜載各式的感測器，測量溫度、溼度、光度、加速度、壓力、聲音等，且這些感測節點有自我組織網路的能力，每個都代表網路中的一個節點，可透過網路把感測器蒐集到的資訊回傳到主控端。

---

2 雲端運算技術，科技大觀園
　https://scitechvista.nat.gov.tw/c/s22S.htm

• 雲端運算[3]：雲端運算的名詞最早是由 Google 所提出，但此概念並非由 Google 所獨創，目前所熟知的雲端運算也是經由過去一連串如網格運算、公用運算等技術逐漸演進而來，雲端產業定義與範疇可參考各大廠與研究機構之認知。

• 航運大數據[4]：一般營運中的船舶，24 小時內通常會生成高達 20GB 的數據信息，這些訊息內容繁多，涉及天氣、發動機、航行位置、速度到燃油消耗等，數據量大、散亂、週期短。確保數據的獲得是進行精確分析的第一步，將這些數據進行整合是第二步，這些數據與外部數據如 AIS、天氣等的結合分析，就可能得出有意義的結論。大數據驅動的數字化將使遙感器可實時接受各式各樣的結構化和非結構化的數據，且這些數據的來源確定性愈來愈強。在航運業，可以模擬所有船舶週期的現狀，利用大數據，開發船隊績效監測系統，在增進營運透明度的同時提高了營運效率。

3　雲端運算定義與範疇，雲端開發測試平台
　　https://www.cloudopenlab.org.tw/ccipo_industryDefinition.do
4　大數據時代的航運創新
　　https://read01.com/zh-tw/GGjmAK.html#.WnaLJ_0Uncc

2016 年 6 月，上海國際港務集團與埃森哲（Accenture）顧問公司聯合發布了名爲「智慧港口帶動未來貿易」的行業報告[5]。

「智慧港口」的目標是：通過資訊化技術和商業模式創新，實現智慧化的集疏運體系，並促進貿易生態圈中物流、資訊流、資金流的高效運轉。

智慧港口旨在建設「3E」級港口，即在港口運營上卓越（Excel）、在生態圈構建上保持開放（Extend）、在可持續的創新業務上積極拓展（Explore）。

Excel，進一步提升運營效率。利用自動化及智慧化機械設備，實現更高的運營效率，使自身的優勢強而更強，優而再優。

Extend，延伸服務範圍。不再局限於「貨物裝卸」，改變原本封閉的運作模式，轉向與供應鏈上下游的利益相關方展開協同和合作，徹底打通物流運輸的海陸節點，爲貨主、物流公司、航運企業及聯盟提供更具價值的優質服務。

Explore，拓展業務範圍。充分利用港口身處供應鏈中心的先天優勢，通過對各方面資訊的收集、分析和整合，獲取行業洞察並開發新的商業模式，確立價值成長點。

5　上港集團與埃森哲聯合發布智慧港口報告
　　http://www.cnss.com.cn/html/2016/gngkxw_0612/219633.html

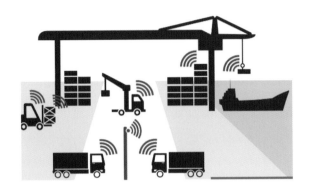

11.3 智慧港口物流

　　德國漢堡港（Hamburg Port Authority, HPA）和德國電信公司
（Deutsche Telekom）、德國 SAP 兩家公司合作，共同發展建置以港
口為基礎的物流資訊平台，連結企業、合作夥伴及客戶使關係更為密
切。這套系統的設計目標在使港口的交通及貨物運送能力運用達到最
佳化，以容納更多的貨在港區內進出作業。

　　這個智慧港口物流系統（Smart Port Logistics, SPL）前期計畫建
立一個完整的資訊平台及行動裝置使用的應用程式如「APPs」，讓
港口的交通資訊及相關服務訊息能透過行動裝置如智慧型手機或平板
電腦來獲得。

　　漢堡港與其他主要港口一樣受限於地理環境範圍，但每年仍有大
量上千個的貨櫃量在成長，對港區的交通及生態環境造成大衝擊。因

經濟及環保原因，故對港區的交通及貨物運輸需有一適當規劃。

　　由漢堡港、德國電信實驗室和 SAP 公司組成的實驗室在三個月完成此先導性「Intelligent」專案並進行港口測試，並由貨車公司和停車場公司在漢堡港陸域有限的道路系統進行交通流量測試，結果對貨物的流量有正面效果，特別是貨櫃的轉運，對確保漢堡港的商業樞紐地位有幫助。

智慧港口物流：
透過雲端能力創造商業網路的價值

物流作業網路 ❶（貨物、貨櫃）

道路交通 ❷
管制（基礎建設）

碼頭交通資 ❸
訊

港口雲端資料庫

海運交通 ❹
管制

碼頭作 ❺
業控制

1 Container status: order assignment, packaging rate, assigned staffnal
2 Infrastructure information: disruptions in operating procedure, weather impacts, security
3 Location data: freight vehicle location, velocity, standstill time
4 Access control: incoming ships, delays, permission to dock
5 Unloading surveillance: docking, shipment date and location

圖 5　漢堡港智慧物流[6]

　　「智慧港口」理念的提出源於智慧環境、智慧城市等概念的提出，並引入到交通領域。以歐洲的鹿特丹港、漢堡港、亞洲的新加坡港等為代表的重要樞紐港均開展了相關領域的探索，提出的 Smart

---

6　The Port of the Future

　　http://www.sap-investor.com/en/2012/quarter-3/research/the-port-of-the-future.
　　html

Port 理念，核心均是在投資環境營造、土地資源利用、集散體系構建、到港服務提供、港市融合及政策、生態環境營造、創新驅動等諸多方面構建更加完善、友好、系統、深入的港口運輸業態，透過創新＋驅動，即通過整合化、協調化、數位化、智慧化等技術的融合應用，逐步實現 IT ＋港口、流程再造、業務協同和服務創新等關鍵性突破，通過建立創新體系、打造跨界平台、實現全球戰略布局，來推動港口人文環境融合、港市一體化、完善服務、提升功能、營造港口生態鏈。

「智慧港口」要達到的最終的目標和效果，仍然聚焦於以下幾個方面：

1. 實現港口資源統籌有效利用降低運輸成本。

2. 實現完善的基礎設施和營運網路。

3. 實現一體化智慧化的運輸服務。

4. 實現高水準的港口安全監測和應變救援。

5. 實現創新、高附加值的運輸組織與服務。

6. 實現節能環保可持續性和諧發展，這也是對「智慧港口」建設最根本的需求。

「智慧港口」基本特徵主要包括港口基礎設施與裝備的現代化、新一代資訊技術與港口業務的深度融合化、港口生產運營的智慧自動化、港口運營組織的整合一體化、港口運輸服務的快捷人性化、港口管理決策的客觀智慧化。

「智慧港口」的設施配置主要涉及交通運輸基礎設施網路和資訊化基礎設施網路以及港口運輸裝備三部分，沒有基礎設施的網路化、數位化，沒有港口運輸裝備的標準化、智慧化，就無法實現港口運輸要素資訊的全面感知回饋，無法實現雲端運算、大數據、物聯網、移動互聯網等新一代資訊技術與港口運輸核心業務的深度契合，也無法實現港口運輸組織和運輸管理的創新。

11.4 歐洲港口智慧港口發展趨勢[7]

在歐洲以漢堡及鹿特丹港發展推動智慧港口（Smart Port）計畫最積極，在歐洲海運港口業是非常重要的經濟產業，從外海至河道運輸，每年數以億計的貨物經由水上運輸，港口也提供了廣泛的物流工作機會。港口智慧化可以減少人為的錯誤及損傷發生，也可以讓工作更有效率。

但港口還有太多區域及作業範圍需要研究以智慧化作業來取代，但這會有產生成本上的考量，要持續投入的研究及試作成本很高，有些港口作業仍相當依賴人的協調作業，例如船邊裝卸作業，船上船員與陸上操作人員的同步協調，河道上船舶的自動航行導引

7　Smart Ports in Europe, where are we going?
　https://algnewsletter.com/maritime-ports/smarts-ports-in-europe-where-are-we-going/

等，要非常精確及穩定的作業，這需要很多環境的感測器例如物聯網
（IOT）技術及作業機制。智慧港口的發展仍有很多可發展的方向，
例如環境監測、保全、船舶導航、貨車進出等，但設施、作業及交易
的整合相關業者，會是重要因素。

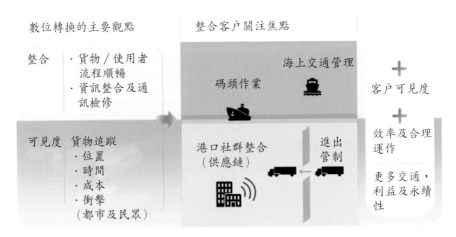

圖 6　智慧港口整合的全體因素

有用的網路資源

中國海事網，「一帶一路」下智慧港口發展大有可期
http://www.cnss.com.cn/html/2015/gngkxw_0320/171458.html

上海海事大學公開課：智慧港口
http://open.163.com/special/cuvocw/zhihuigangkou.html

智慧港口物流面臨的問題及解決方案

https://news.hsdhw.com/452251

智慧港口之智慧港口裝備【圖解】

http://www.cnss.com.cn/html/2018/tujie_0126/301845.html

How big data will transform shipping

http://www.agcs.allianz.com/insights/expert-risk-articles/how-big-data-will-

transform-shipping/

Why Big Data In Shipping And Freight Is Important

https://www.xeneta.com/blog/big-data-shipping-analysis

Big data in the marine sector

http://www.maritimejournal.com/news101/onboard-systems/monitoring-

and-control/big-data-in-the-marine-sector

PSA Singapore showcases advanced port technologies at Intelligent Port of
the Future Exhibition

http://www.hellenicshippingnews.com/psa-singapore-showcases-advanced-

port-technologies-at-intelligent-port-of-the-future-exhibition/

What is a Smart Port?

https://www.porttechnology.org/news/what_is_a_smart_port

smartPort – the intelligent port, port of Hamburg

https://www.hamburg-port-authority.de/en/hpa-360/smartport/

The Port of the Future

http://www.sap-investor.com/en/2012/quarter-3/research/the-port-of-the-future.html

Port of Koper

http://slideplayer.com/slide/8206400/

基隆港光華塔

 港口及海運科技時時在進步，每天 24 小時監視這片海、這個港，小心翼翼的引領出發及返航的船舶，雖然功成身退有新的接棒者，但仍毋忘初衷。

〜〜 快快樂樂出航，平平安安回家 〜〜

第十二章 綠色航港

12.1 海運污染減量

地球表面積的四分之三是海洋，海運成為國際運輸的主流，全

何謂溫室效應（Greenhouse Effect）

陸地和海洋釋放的熱輻射中有很多被大氣，包括雲吸收了，然後又被輻射回地球。這就是所謂的溫室效應。溫室中的玻璃牆減少了空氣流動，提高了溫室內的氣溫。與之類似，地球的溫室效應使地球表面的溫度升高，但是其物理過程不同。如果沒有自然的溫室效應，地球表面的平均溫度會降到水的冰點以下。因此，沒有地球的自然溫室效應，就不可能有我們現在的生活。但是人類的活動，主要是燃燒石化燃料和毀壞森林，大大地加強了自然溫室效應，引起全球變暖氣溫升高。[1]

---

1 什麼是溫室效應，中央氣象局
　　http://www.cwb.gov.tw/V7/climate/climate_info/backgrounds/change_faq/
　　faq1_3/index.html

世界約 90% 的貨物必須靠海運送到世界各地。因為船舶這種運輸工具必須停泊在一般屬於管制區的港口內作業，因此大眾對海運及船舶特性相當陌生。貨船航行各地所累積的污染量加總起來，對海洋環境必定有某種程度的殺傷力。這議題受到國際海事組織（International Maritime Organization, IMO）長期關注，每年舉辦海洋環境保護委員會會議以商討對策。

　　依國際海事組織 2009 年所公布溫室氣體研究報告指出，2007 年整體海運及漁業所排放的 CO_2 達 10.4 億公噸，僅占當年全球 CO_2 排放總量的 3.3%，根據報告預測，隨著海運貿易的成長，如果不採取任何措施，船舶溫室氣體的排放量到了 2050 年會比 2007 年增加 1.5 到 2.5 倍之多，因此需要及早採取預防性的措施。

　　國際海事組織針對船舶海洋航行及港口作業的環境保護問題，對海上人命安全國際公約（International Convention for the Safety of Life at Sea, SOLAS）和防止船舶污染國際公約（International Convention for the Prevention of Pollution from Ship, MARPOL）兩大海事公約體系重新審視整理，先後對防油污標準、空氣污染 NOx、SOx 排放標準等進行了修訂，又陸續通過國際船舶壓艙水及沉積物控管公

約（International Convention for the Control and Management of Ships' Ballast Water and Sediments）、無害環境拆船公約，後續的焦點又轉移到控制 CO_2 的排放上，提出了船舶能效設計指數，配合在「低碳經濟」時代國際社會對環境保護需求。

而綠色航運（Green ship）及綠色港口（Green port）不僅是指在經營時注意經濟效益和保護環境結合，更重要的是強調航運效益和港口環境的相互協調，使之可永續發展，將現代科學技術運用到港口船舶以及日常管理，使其節能高效的航運。從環境和可以永續發展的角度建立環境共生型的航運管理系統，其本質上是具有可永持續發展和環境保護內涵的航運模式。

12.2 綠色航運

近代社會發展已走到在全球資源與環境品質的使用平衡問題，人類從工業革命至全球貿易的興起，海運業使用船舶在全球各處海洋繞行進行貨物運送，在極端氣候下，溫室氣體（CO_2）的排放程度，依靠石化能源的船舶運送業，由於航行中排放有害氣體（NOx、SOx），已成為低碳革命下成為下一個需要管制的對象。

目前國際上有達成共識對船舶使用之節能減排措施約有以下幾項：

1. 節省石化能源的使用（如船舶減速）。

2. 開發非石化或再生能源（如使用太陽能、風力）。

3. 使用清潔能源（如使用碼頭岸上電力）。

4. 改善設計或使用行為（如開發新船型）。

近年來低碳經濟、綠色發展正成為國際航運業的趨勢。國際海事組織（IMO）也推出各種國際公約及標準等，綠色船舶成為海事界的新名詞，2008 年 10 月的海洋環境保護委員（Marine Environment Protection Committee, MEPC）第 58 次會議提出新造船的船能源效率設計指數（Energy Efficiency Design Index, EEDI），EEDI 隨著時間的推移，將建立船舶CO_2的排放基準，對船舶的排放控制愈來愈嚴格。

例如 2010 年 1 月 1 日新的歐盟低硫限制規定生效，要求停泊或錨泊在歐盟港口內的船舶必須使用含硫量不得超過 0.1% 的船用燃油，實施船減速以減少碳排放的船公司和航線聯盟化與合併趨勢增加，貨櫃船定期航業在燃料價格上漲下，大力推行加派船及減速，以減少碳排放。

過去國際防止船舶污染公約強制實施的硫含量限值為 3.5%，新的硫含量限值為 0.5%。2016 年 10 月底，國際海事組織下屬海洋環境保護委員會第 70 次會議已通過決議，全球船用燃料 0.5% 硫含量上限將於 2020 年 1 月 1 日強制生效。船舶上也可以安裝「洗滌塔」來除硫，只是部分含硫污水會排放到海中。

什麼是岸電設施（Shore Power）[2]

全球有 90% 的貿易流量需要跨越海洋，進出口商船及貨輪所排放的廢氣，約占全球二氧化碳排放量 2%、二氧化硫排放量 6% 和氮氧化合物排放量 15%，也是港埠空氣品質降低的主因。當船舶靠岸時，透過船上供電系統將其連結至岸上的供電系統，能有效的為碼頭城市降低各式空污排放，並能消除船上發電機產生的噪音振動與污染，有助船隻節省能源成本，協助港口在最少的污染下，吸引最大量的商務船及貨輪。

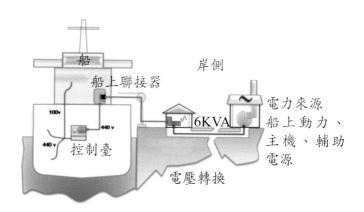

圖 7　IMO 的岸電設施示意圖

船舶電力系統是船舶運作的重要一項組成，柴油發電機組目前還

2　Shore power, Global maritime energy efficiency partnerships, IMO
　http://glomeep.imo.org/technology/shore-power/

是船舶電力系統的主要電源型式，採用船舶使用碼頭岸電來供電，可以通過相對清潔的電能來代替傳統的重油，直接減少廢氣排放量。歐盟在 2006 年亦通過在歐盟範圍內各個海港停泊船舶要使用岸電供電的法案 2006/339/EC，建議會員國提供使用岸電優惠政策，並共同制定碼頭岸電的國際標準，各海港岸電供電經驗進行交流。

　　未來，全球暖化、環境污染、石化能源價格上漲成為不可躲避話題，低碳經濟越來越受到重視。無形中提高了對各國航運業的要求：低碳經濟要解決高能源消耗、高污染、高排放問題，循環經濟要解決資源有限與需求無限、經濟發展與環境保護的各種矛盾。為了經濟可持續發展，航運界應響應減碳計畫，船公司、租船及港口運營機構應密切合作，推行 IMO 的減碳計畫，為航運業的二氧化碳排放量訂立排放指標，從技術、營運、新燃料等各層面來思考解決方案，達到航運業空污減排目標。

　　航運企業作為市場經濟一分子，需要積極應對低碳經濟帶來的問題：提升低碳意識，節約運輸成本，提高運輸品質和速度；引進專業人才；加快技術研發，提升產業核心技術能力。

12.3 綠色港口

　　以往港口的發展與營運，係以貨運及經濟發展為主，隨著國際貿易及供應鏈營運模式的發展，船舶在港區的運行及作業活動，對周邊

環境及生態造成污染及破壞，特別是空污排放及水質影響，而在溫室效應及極端氣候變遷下，各國也意識到運輸部門的污染排放控制，必須與港口規劃、營運作業、環境保護與綠美化等，將之納入港口永續發展之重要議題，因此衍生綠色港口或生態港（Eco port）之概念。

現行國際間對綠色港口尚無明確的定義，歐美國家港口推動作為，是從法令規範、重點計畫推動、獎勵補助機制、環境教育訓練、與社區建立良好互動。綠色港口推動，是在永續發展基礎下，追求環境與經濟發展能平衡及相容。國際上推動綠色港口主要相關的組織有國際港埠協會（International Association of Ports and Harbors, IAPH）、國際海事組織（IMO）、太平洋港口協會（APEC Port Service Network, APSN）、歐洲海港組織（European Sea Ports Organization, ESPO）等，提供會員資訊、交流平台及舉辦相關技術交流會議。

臺灣商港也參與歐洲海港組織的生態港申請認證，在民國 102 年由高雄港獲得亞洲第一個歐洲生態港認證，基隆、臺中港也在 104 年取得認證，花蓮及臺北港於 105 年取得認證，安平及蘇澳港於 106 年取得認證。

臺灣港務股份有限公司為實踐綠色港口的理念，兼顧經濟、環境及社會的永續發展，已於 2013 年 1 月擬定「臺灣港群綠色港口推動方案」，針對港口的四大構面：旅運、貨運、港口環境及城市／社區發展，制

訂短、中及長期計畫。

　　「臺灣港群綠色港口推動方案」四大構面：旅運、貨運、港口環境及城市／社區發展，而旅運下的分項為郵輪及旅運中心，貨運下的分項為船舶、設備及陸運，港口環境下的分面為環境品質及永續經營，而城市／社區發展下的分項則為港市介面及綜合地方發展政策。「臺灣港群綠色港口推動方案」希望透過這四個構面的改善成功將臺灣的商港轉換成綠色港口，達到港區環境品質提升，有助旅運發展及地方居住品質、升級港區設備，提升作業效率並減少污染以及向國際航運業宣示我國綠港政策，提升港口形象等效果。而整個轉化過程將提升臺灣商港的國際競爭力，實現綠色經濟。國際間已有諸多配合綠色港口倡議之組織，臺灣港務公司已參與的國際組織如國際港埠協會、亞太經濟合作港口服務網、太平洋港口協會、歐洲海港組織，並藉由出席國際組織年會與會員體交換資訊，以提升我國商港之國際知名度。

　　港口的空氣品質改善，一向為臺灣商港重大發展議題之一，臺灣商港過去不僅積極配合行政院環境保護署執行「港區空氣污染物排放清冊建置」、「商港空氣污染防制成效評鑑計畫」、「清淨空氣行動計畫」等，近年來更為落實持續改善港區環境品質之永續政策，並參與港口環境管理之國際認證制度，至民國 106 年 12 月已有高雄、基隆、臺中、花蓮、臺北、安平及蘇澳

港等 7 座國際港口取得歐洲生態港認證（ECOPORT）。

　　為推動港區各項污染源減量，臺灣商港除透過定期監測所轄國際商港之空氣品質，並持續推動：

1. 管制老舊柴油大貨車進入港區。

2. 實施船舶進港減速措施。

3. 船舶進港燃料轉換使用低硫的燃油。

4. 商港建置船舶的碼頭岸電設施。

什麼是船舶進港減速（Vessel Speed Reduction for Ocean-going Vessels）[3]

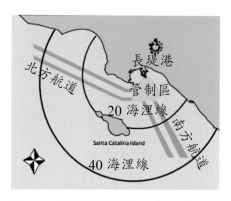

圖 8　美國長堤港船舶進港減速範圍

3　Vessel Speed Reduction for Ocean-going Vessels – Background, California Air Resources Board

https://www.arb.ca.gov/ports/marinevess/vsr/vsrbackground.htm

美國加州的洛杉磯港與長堤港於 2001 年 5 月與美國環境保護
單位，南加州海岸空氣保護協會、太平洋航運協會、南加州海運
交易所簽定合作備忘錄，規定遠洋船舶在進入洛杉磯與長堤港 20
海浬範圍時，船舶將減速至 12 節（knots）航行，以減少船舶對南
加州海岸的各項船舶航行時的空氣污染排放。

有用的網路資源

綠港政策主題網，臺灣港務股份有限公司

https://www.twport.com.tw/GP/

綠色碼頭，高明貨櫃碼頭股份有限公司

http://www.kmct.com.tw/advantages-1.php

Developing a Green Ship of the Future

https://www.maersk.com/en/explore/fleet/innovation/case-stories/

developing-a-green-ship-of-the-future

Eco Ports

https://ecoports.com/

European Sea Ports Organization

https://www.espo.be/

Green Port, Port of Long Beach

http://www.greenport.com/directory-entries/port-of-long-beach

Green Port Policy, Port of Long Beach

http://www.polb.com/environment/green_port_policy.asp

Green Port

http://www.greenport.com/

Green ship of the future

https://greenship.org/

Green Shipping

https://www.green4sea.com/

Green Ship of the Future - OECD

http://www.oecd.org/sti/ind/48365833.pdf

GREENER FUTURE OF MARITIME & SHIPPING INDUSTRY: GREEN SHIP

http://max-groups.com/future-maritime-shipping-green-ship/

14 Technologies to Make the Ultimate Green Ship

https://www.marineinsight.com/green-shipping/13-technologies-to-make-

the-ultimate-green-ship/

Welcome to ECOSLC

http://www.ecoslc.eu/

花蓮港郵輪靠岸

 詩人的筆觸總是優雅感傷，遊子的心卻在那五湖四海三
江，乘風而去再回首，山與海的景色逐漸消失在海平面
的另一端，期待下一次的山海會。

　　～～ 相逢如初見，回首是一生 ～～

第十三章　港口投資

公民營事業機構投資興建或租賃經營商港設施作業辦法（民國
101 年 8 月 22 日發布施行）

第 9 條　公民營事業機構應就契約記載之土地、設施與投資經營事
　　　　項繳交租金與管理費，經營機構得就公民事業機構使用水
　　　　域計收管理費。

　　　　前項租金及管理費項目及基準如下：

　　　　一、租金：

　　　　　　（一）土地租金：依商港區域土地使用費實施方案計
　　　　　　　　　收，未依該方案訂定港區土地使用區分之土地，
　　　　　　　　　以申報地價按年租金率計算之。

何謂商港的租金率（Rent Rate）

　　依土地法第 14 條規定，海岸一定限度內之土地、可通運之水
道及其沿岸一定限度內之土地，土地不得為私有。業者投資興建
或租賃商港設施，其土地租金採面積 × 公告地價 × 租金率公式
計算。

(二) 設施租金：包含碼頭、建物及設備等項目，依其建造成本按年租金率計算之。

二、管理費：依公民營事業機構投資經營業務項目性質，按承租面積、使用範圍、營業額、前款租金總額、營運實績、營業規模及保證運量等事項計收。

交通部航港局經管公有財產提供商港經營事業機構使用辦法

（民國 101 年 8 月 10 日發布施行）

第 3 條　經營機構以設定地上權方式使用航港局經管土地時，其權利金及租金之繳交，應依下列規定辦理：

一、權利金按當年期全年營業收入之百分之一計收，每年收取一次，其中全年營業收入不含航港建設基金補助部分。

二、土地租金依土地當期申報地價年息百分之二計算，每年分二次收取。

屬公共設施及配合政府政策需要之土地不計收土地租金。下列情形之土地，土地租金依當期申報地價年息百分之一計收。

(一) 於經營機構成立前收取租金之租金率低於設定地上權土地租金率之土地。

(二) 由業者出資填築新生地並約定新生地填築費用需

折抵相關租金費用，於折抵期間之土地。

三、航港局對於前款收取土地租金得視下列情形調整租金費率，調整原因消滅後，應予調整回復，租金率之回復自次年度開始實施：

(一) 國內或國際之社會經濟環境發生重大變化。

(二) 航港局依法辦理用地撥用或徵收時，自核定辦理撥用或徵收之日起。

(三) 航港局與經營機構，視港區發展狀況認定有檢討必要。

(四) 其他經主管機關認定有檢討必要。

投資興建或租賃商港設施方式，係政府為國內外公民營事業機構參與商港營運設施建設，以提升港口營運效率及便利國內外貨物進出，也減輕政府對商港設施的公共建設資金投入負擔，因此訂定相關法規以吸引民間資金投入商港建設活絡經濟，對申請作業、甄選程序、土地使用、租稅優惠、通關便捷、營運監督及退場機制等，供投資業者與商港經營管理事業雙方據以遵行。

13.1 商港法

商港法（民國 101 年 3 月 1 日發布施行）

第 10 條 國際商港區域內各項設施，除防波堤、航道、迴船池、助航設施、公共道路及自由貿易港區之資訊、門哨、管制設施等商港公共基礎設施，由政府委託商港經營事業機構興建維護外，得由商港經營事業機構興建自營，或由公民營事業機構以約定方式投資興建或租賃經營。

商港設施得由公民營事業機構以約定方式投資興建或租賃經營者，甄選事業機構之程序、租金基準、履約管理、驗收、爭議處理之辦法，由主管機關定之。

公民營事業機構投資興建或租賃經營商港設施作業辦法（民國 101 年 8 月 22 日發布施行）

第 2 條 各項商港設施提供公民營事業機構投資興建或租賃經營（以下簡稱投資經營）者，商港經營事業機構（以下簡稱經營機構）得自行規劃辦理或由公民營事業機構提出申請。

經營機構得依商港經營發展需要及案件性質採下列方式辦理前項業務：

一、綜合評選：指經營機構擬訂評選項目、基準與權重等相關事項，透過公開程序甄選公民營事業機構投資經營商港設施之方式。

二、單項評比：指經營機構擬訂單一評比項目及基準，透
　　過公開程序甄選公民營事業機構投資經營商港設施之
　　方式。

三、逕行審查：指符合第七條之情形，經營機構得不經公
　　開程序甄選公民營事業機構投資經營商港設施之方式。

第 5 條　綜合評選之評選項目，至少應包含下列項目：

一、相關經營實績或經營理念。

二、投資經營計畫書，其內容如下：

　　(一) 興建可行性；但租賃經營案得免提。

　　(二) 營運可行性。

　　(三) 財務可行性。

　　(四) 法律可行性。

　　(五) 其他經營機構認定需納入評選之項目。

三、前款投資經營計畫對商港經營管理之整體效益。

第 7 條　經營機構辦理公民營事業機構投資經營商港設施案件，符
合下列情形之一者，得採逕行審查方式辦理：

一、增租毗鄰土地或設施，其增租面積累計不超過原契約
　　租賃面積百分之五十者。

二、申請加入自由貿易港區經營自由港區事業者。

三、為配合港埠作業需要之辦公或存放機具設備處所。

四、為配合港埠作業需要，租賃土地埋設管線者。

五、租賃期間一年以下，未興建設施且不得續約者。

六、配合政府政策、港口發展或港灣建設發展需要者。

前項第二款申請經營自由貿易港區事業者，應於取得簽約權利後，依自由貿易港區事業營運管理辦法辦理。

13.2 促進民間參與公共建設法

促進民間參與公共建設法（民國 89 年 9 月 29 日發布施行，104 年 12 月 30 日修正公布）

促進民間參與公共建設法為提升公共服務水準，加速社會經濟發展，促進民間參與公共建設，主要為用地取得及開發、融資及租稅優惠、申請及審核、監督及管理。港口運用民間參與商港重大設施興建，給予提供土地徵用、融資及行政協助、雙方履約管理等依據。

第 3 條　本法所稱公共建設，指下列供公眾使用且促進公共利益之建設：

一、交通建設及共同管道。

二、環境污染防治設施。

三、污水下水道、自來水及水利設施。

四、衛生醫療設施。

五、社會及勞工福利設施。

六、文教設施。

七、觀光遊憩設施。

八、電業設施及公用氣體燃料設施。

九、運動設施。

十、公園綠地設施。

十一、工業、商業及科技設施。

十二、新市鎮開發。

十三、農業設施。

十四、政府廳舍設施。

本法所稱重大公共建設，指性質重要且在一定規模以上之公共建設；其範圍，由主管機關會商內政部及中央目的事業主管機關定之。

第 4 條 本法所稱民間機構，指依公司法設立之公司或其他經主辦機關核定之私法人，並與主辦機關簽訂參與公共建設之投資契約者。

前項民間機構政府、公營事業出資或捐助者，其出資或捐助不得超過該民間機構資本總額或財產總額百分之二十。

第一項民間機構有外國人持股者，其持股比例之限制，主辦機關得視個案需要，報請行政院核定，不受其他法律有關外國人持股比例之限制。但涉國家安全及能源自主之考量者，不在此限。

第 8 條 民間機構參與公共建設之方式如下：

一、民間機構投資新建並為營運；營運期間屆滿後，移轉該建設之所有權予政府。

二、民間機構投資新建完成後，政府無償取得所有權，並由該民間機構營運；營運期間屆滿後，營運權歸還政府。

三、民間機構投資新建完成後，政府一次或分期給付建設經費以取得所有權，並由該民間機構營運；營運期間屆滿後，營運權歸還政府。

四、民間機構投資增建、改建及修建政府現有建設並為營運；營運期間屆滿後，營運權歸還政府。

五、民間機構營運政府投資興建完成之建設，營運期間屆滿後，營運權歸還政府。

六、配合國家政策，由民間機構自行備具私有土地投資新建，擁有所有權，並自為營運或委託第三人營運。

七、其他經主管機關核定之方式。

　　前項各款之營運期間，由各該主辦機關於核定之計畫及投資契約中訂定之。其屬公用事業者，不受民營公用事業監督條例第十九條之限制；其訂有租賃契約者，不受民法第四百四十九條、土地法第二十五條、國有財產法第二十八條及地方政府公產管理法令之限制。

　　依促進民間參與公共建設法規定，民間機構參與公共建設常用有 BOT、BOO、ROT、OT 等方式。

- BOT（Build 興建、Operation 營運、Transfer 移轉）：政府提供土地，由民間機構投資興建並營運，營運期滿，該建設所有權移轉給政府。

- BOO（Build 興建、Operation 營運、Own 擁有）：配合國家政策，民間機構自備土地及資金興建營運，並擁有所有權，業者可享減免稅及優惠融資等好處，相對要提供回饋條件，例如雇用在地員工等，回饋內容由業者與政府協調產生。

- ROT（Reconstruction 重建、Operation 營運、Transfer 移轉）：政府舊建築物，由政府委託民間機構或由民間機構向政府租賃，予以擴建、整建、重建後並營運，營運期滿，營運權歸還政府。

- OT（Operation 營運、Transfer 移轉）：政府投資興建完成，委由民間機構營運，營運期滿，營運權歸還政府。

促進民間參與公共建設法施行細則（民國 89 年 10 月 25 日發布施行，105 年 10 月 4 日修正全文施行）

第 2 條　本法第三條第一項第一款所稱交通建設，指鐵路、公路、市區快速道路、大眾捷運系統、輕軌運輸系統、智慧型運輸系統、纜車系統、轉運站、車站、調度站、航空站與其設施、港埠與其設施、停車場、橋樑及隧道。

前項智慧型運輸系統，指經中央目的事業主管機關認定，

結合資訊、通信、電子、控制及管理等技術運用於各種運輸軟硬體設施，以使整體交通運輸之營運管理自動化，或提升運輸服務品質之系統。

第一項纜車系統，指經中央目的事業主管機關認定之利用纜索懸吊並推進封閉式車廂，往返行駛於固定路徑，用以運送特定地點及其鄰近地區乘客之運輸設施。但不包括吊纜式機械遊樂設施。

第一項航空站與其設施，指航空站區域內及經行政院核定設置或中央目的事業主管機關編定之航空客、貨運園區內之下列各項設施：

一、供航空器載卸客貨之設施及裝備。

二、航空器起降活動區域內之設施。

三、維修棚廠。

四、加儲油設施。

五、污水處理設施。

六、焚化爐設施。

七、航空附加價值作業設施，含廠房、倉儲、加工、運輸等必要設施。

八、航空事業營運設施，指投資興建及營運航空事業辦公或具交通系統轉運等功能之設施，且申請開發土地面積達一公頃以上。

九、航空訓練設施。

十、過境旅館。

十一、展覽館。

十二、國際會議中心。

十三、停車場。

第一項港埠與其設施，指商港區域內之下列各項設施：

一、投資總額不含土地達新臺幣十億元以上之船舶出入、
　　停泊、貨物裝卸、倉儲、駁運作業、服務旅客之水
　　面、陸上、海底設施、遊艇碼頭及其他相關設施。

二、投資總額不含土地達新臺幣二十五億元以上之新商港
　　區開發，含防波堤、填地、碼頭及相關設施。

三、投資總額不含土地達新臺幣十億元以上之各專業區附
　　加價值作業設施，含廠房、倉儲、加工、運輸等必要
　　設施。

第一項及第四項第十三款停車場，指符合下列規定之一之
路外公共停車場：

一、申請開發土地面積達四千五百平方公尺以上之平面式
　　停車場或總樓地板面積達二千平方公尺以上之立體式
　　停車場。

二、投資總額不含土地成本達新臺幣一千五百萬元以上之
　　機械式或塔臺式停車場。

13.3 獎勵民間參與交通建設條例

獎勵民間參與交通建設條例（民國 83 年 12 月 5 日發布施行，104 年 6 月 17 日修正公布）

　　獎勵民間參與交通建設條例是為獎勵民間參與交通建設，提升交通服務水準，加速社會經濟發展，主要為用地取得與開發、融資與稅捐優惠、申請與審核、監督與管理等。

第 5 條　本條例之獎勵，以下列重大交通建設之興建、營運為範圍：

　　　　一、鐵路。

　　　　二、公路。

　　　　三、大眾捷運系統。

　　　　四、航空站。

　　　　五、港埠及其設施。

　　　　六、停車場。

　　　　七、觀光遊憩重大設施。

　　　　八、橋樑及隧道。

第 6 條　本條例適用之對象，以民間機構依下列方式之一參與前條交通建設為限：

　　　　一、由政府規劃之交通建設計畫，經核准由民間機構投資興建及營運其一部或全部者。

二、由政府興建完成之交通建設，經核准由民間機構投資
營運其一部或全部者。

三、由民間機構自行規劃之交通建設計畫，經政府依法審
核，准其投資興建營運者。

第 9 條　本條例所獎勵交通建設之交通用地，涉及都市計畫變更
者，主管機關應協調都市計畫主管機關依都市計畫法第
二十七條規定辦理變更；涉及非都市土地使用變更者，於
報准徵收或撥用取得土地後，依法辦理變更編定。

前項交通用地，係指路線、場站、交流道、服務區及第五
條相關附屬設施所需之用地。

獎勵民間參與交通建設條例施行細則（民國 85 年 1 月 15 日發布
施行，91 年 12 月 27 日修正公布）

第 10 條　本條例第九條第二項所定第五條相關附屬設施如附表。

港埠及其設施

一、船舶出入、停泊有關設施。

二、貨物裝卸、倉儲、駁運作業有關設施。

三、旅客服務中心有關設施。

四、港埠區域內各專業區附加價值作業設施，如廠房、倉
儲、加工、運輸等必要設施。

五、其他經主管機關核定之相關必要設施。

13.4 自由貿易港區設置管理條例

自由貿易港區設置管理條例（民國 92 年 7 月 23 日發布施行，103 年 10 月 26 日修正公布）

　　自由貿易港區設置管理條例是為發展全球運籌管理經營模式，積極推動貿易自由化及國際化，便捷人員、貨物、金融及技術之流通，提升國家競爭力並促進經濟發展，主要為自由港區之劃設及管理、貨物自由流通、港區事業自主管理、租稅措施及罰則等。

第 3 條　本條例用詞定義如下：

一、自由港區：指經行政院核定於國際航空站、國際港口管制區域內；或毗鄰地區劃設管制範圍；或與國際航空站、國際港口管制區域間，能運用科技設施進行周延之貨況追蹤系統，並經行政院核定設置管制區域進行國內外商務活動之區域。

二、自由港區事業：指經核准在自由港區內從事貿易、倉儲、物流、貨櫃（物）之集散、轉口、轉運、承攬運送、報關服務、組裝、重整、包裝、修理、裝配、加工、製造、檢驗、測試、展覽或技術服務之事業。

三、自由港區事業以外之事業：指金融、裝卸、餐飲、旅館、商業會議、交通轉運及其他前款以外經核准在自由港區營運之事業。

四、商務人士：指為接洽商業或處理事務需進入自由港區
　　內之人士。

五、毗鄰：指下列情形之一者：

　　(一) 與國際航空站、國際港口管制區域土地相連接寬
　　　　度達三十公尺以上。

　　(二) 土地與國際航空站、國際港口管制區域間有道
　　　　路、水路分隔，仍可形成管制區域。

　　(三) 土地與國際航空站、國際港口管制區域間得闢設
　　　　長度一公里以內之專屬道路。

六、國際港口：指國際商港或經核定准許中華民國船舶及
　　外國通商船舶出入之工業專用港。

第21條　自由港區事業自國外運入自由港區內供營運之貨物，免徵
關稅、貨物稅、營業稅、菸酒稅、菸品健康福利捐、推廣
貿易服務費及商港服務費。

自由港區事業自國外運入自由港區內之自用機器、設備，
免徵關稅、貨物稅、營業稅、推廣貿易服務費及商港服務
費。但於運入後五年內輸往課稅區者，應依進口貨物規定
補徵相關稅費。

依前二項規定免徵稅捐者，無需辦理免徵、擔保、記帳及
押稅手續。申請經營自由港區事業取得籌設許可者，於籌
設期間適用前二項規定。

自由貿易港區事業營運管理辦法（民國93年9月10日發布施行，
102年7月22日修正公布）

第2條　申請經營自由港區事業應為符合本條例第三條第二款規定
　　　　之從事貿易、倉儲、物流、貨櫃（物）集散、轉口、轉運、
　　　　承攬運送、報關服務、組裝、重整、包裝、修理、裝配、
　　　　加工、製造、檢驗、測試、展覽或技術服務之事業。

　　　　申請加入自由港區成為自由港區事業，從事本條例第三條
　　　　第二款所訂業務者，其得為公司或外國公司在中華民國境
　　　　內之分公司。

　　　　實際進駐自由港區內從事相關業務之公司或營運組織，其
　　　　得為公司、分公司、辦事處或營運單位。

自由貿易港區貨物通關管理辦法（民國92年12月8日發布施行，
105年11月9日修正全文發布）

第2條　本辦法所稱港區貨棧，指自由貿易港區（以下簡稱自由港
　　　　區）管理機關設立或經核准設立，具有與港區門哨單位電
　　　　腦連線之設備，及可供自由港區事業貨物存儲、進出區貨
　　　　物查驗、拆裝盤（櫃）之場所。

第17條　自由港區事業之出口貨物經海關核准得移運海（空）運快
　　　　遞貨物專區，並依海（空）運快遞貨物通關辦法辦理通關。

　　　　前項規定由財政部關務署分階段公告實施之。

自由貿易區（Free Trade Zone, FTZ）[1]

自由貿易區是一國在其國境內設立的限制區域，設有與國內課稅區隔離的從事國際的倉儲運輸、商務貿易、簡易加工等功能，在區內無關務的稅捐負擔，有設在海空港及內陸地區。

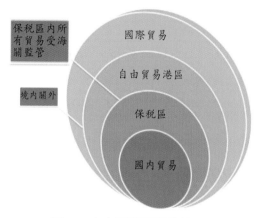

圖9 自由貿易區關務範圍

海運快遞貨物通關辦法（民國 102 年 11 月 29 日發布施行，106 年 9 月 25 日修正發布）

第3條 本辦法所稱海運快遞貨物，指在海運快遞貨物專區辦理通關之貨物。

---

1 Sekilas Tentang Penyerahan Ke Kawasan Bebas
http://www.nusahati.com/2014/08/sekilas-tentang-penyerahan-ke-kawasan-bebas/

下列各款貨物不得在海運快遞貨物專區辦理通關：

一、關稅法規定不得進口之物品、管制品、侵害智慧財產權物品、進口生鮮農漁畜產品、活動植物、保育類野生動植物及其產製品。

二、每件（袋）毛重逾七十公斤之貨物。

第 4 條　本辦法所稱海運快遞貨物專區（下稱專區），指供專用存儲進出口、轉口海運快遞貨物及辦理通關之場所。

前項轉口海運快遞貨物應存放於獨立區隔之轉口區，其通關依據轉口貨物作業相關規定辦理。

第一項專區應設置於國際通商港口之管制區內，並依海關管理貨櫃集散站辦法或海關管理進出口貨棧辦法規定向海關申請設置，接受海關管理。

第 5 條　本辦法所稱海運快遞貨物專區業者（下稱專區業者）指能提供足夠區分為進口區、出口區、轉口區、查驗區、待放區、緝毒犬及檢疫犬勤務區之面積，配置通關及查驗必要之設備，辦理海運快遞貨物通關業務並經核准設立之貨棧業者。

第 6 條　本辦法所稱海運快遞業者，指經營承攬及遞送海運貨物快遞業務之營利事業。

港埠投資及建設具有運輸經濟的沉沒成本（Sunk Costs）及資本密集特性，特別投資回收期長及商港施設較不具轉移使用用途，因此

投資者對港口的投資及計費規定需先行研究

其投資報酬率，特別是當需要向外界融資進

行投資業務。另國際海運市場常受到國際間

經濟循環、貿易協定、原油油價、區域貨物

流向及船公司航線安排等變動影響，對開拓

貨源市場及長期貨量的調查及掌握，對港埠的投資報酬率及預期回收

期限估算是很重要風險評估因素之一。

有用的網路資源

國家發展委員會，IHS Markit**經濟預測**

https://www.ndc.gov.tw/Content_List.aspx?n=65E70AFE274916B9&upn=

65E70AFE274916B9

中央研究院經濟研究所，臺灣經濟情勢總展望

http://www.econ.sinica.edu.tw/content/downloads/list/2013090215150

494922/

臺灣經濟研究院，總體經濟預測

http://www.tier.org.tw/forecast/macro_trends_annual.aspx

行政院主計總處，經濟預測

https://www.dgbas.gov.tw/lp.asp?CtNode=2329&CtUnit=1088&BaseDSD

=7&mp=1

經濟部國貿局，我國貿易統計

https://www.trade.gov.tw/Pages/List.aspx?nodeID=1375

財政部，進出口統計

https://www.mof.gov.tw/List/Index?nodeid=103

財政部關務署關港貿單一窗口，統計資料

https://portal.sw.nat.gov.tw/APGA/GA11

臺灣港務股份有限公司，業務統計

https://www.twport.com.tw/chinese/Form.aspx?n=750671D1963720D8

交通部統計查詢網

http://stat.motc.gov.tw/mocdb/stmain.jsp?sys=100

UNCTAD, Review of Maritime Transport (Series)

http://unctad.org/en/Pages/Publications/Review-of-Maritime-Transport-

(Series).aspx

World Bank, Global Economic Prospects

http://www.worldbank.org/en/publication/global-economic-prospects

Asian Development Bank, Statistics

https://www.adb.org/data/statistics

高雄港民間遊港船

今日港口的風貌多元化，水岸城市建構人們對海洋的想像，各國貨物從港口進出流通，旅客從碼頭轉往旅程中的目的地，在碧海藍天中記得我們的心情。

～～　天天天晴，叫我如何不想她　～～

書後語

　　臺灣四面環海，港口是對外貿易運輸主要樞紐，過去商港區域是圍牆高起的管制區域，除了經過國家考試的各相關機關公職人員能進出港區外，只有民間經許可的運輸相關人員才能接觸港口的運輸作業及風貌。當動心起念要寫這本書時，原本有一點會不會是「自不量力」的顧慮，過去師友曾勸進把多年蒐集的航港資料及在商港服務公職的經驗加以整理分享。

　　原臺灣各商港的港務局在經政府組織變革後，101 年 3 月 1 日已成為一個 100% 國營的臺灣港務股份有限公司，人員進用亦從高普考改由公司自行對外公開招考方式，臺灣商港也逐步進行港區遊憩設施的改造，以提供民眾更多認識及參與的機會，期待這本書只是拋磚引玉開始，藉由通俗、有系統的介紹，期望讓讀者對港口有初步的入門認識，進而衍生對航運及港口相關領域的關注、興趣。

　　工作時的海風、浪花及船笛聲，就跟在大學校園授課時的鐘聲、教室及笑語聲一樣迷人，歡迎你加入探索這個航港、物流新世界。

張雅富

2018 年夏於高雄港

國家圖書館出版品預行編目資料

港口管理入門／張雅富作. -- 二版. -- 臺北
市：五南圖書出版股份有限公司，2022.10
　　面；　　公分
　ISBN 978-626-343-031-0（平裝）

1.CST: 港埠管理

557.43　　　　　　　　　111010388

5I43

港口管理入門

作　　　者 — 張雅富（214.5）

發 行 人 — 楊榮川

總 經 理 — 楊士清

總 編 輯 — 楊秀麗

副總編輯 — 王正華

責任編輯 — 金明芬、張維文

封面設計 — 鄭云淨

出 版 者 — 五南圖書出版股份有限公司

地　　　址：106臺北市大安區和平東路二段339號4樓

電　　　話：(02)2705-5066　　傳　　真：(02)2706-6100

網　　　址：https://www.wunan.com.tw

電子郵件：wunan@wunan.com.tw

劃撥帳號：01068953

戶　　　名：五南圖書出版股份有限公司

法律顧問　林勝安律師事務所　林勝安律師

出版日期　2018年6月初版一刷
　　　　　2022年10月二版一刷

定　　　價　新臺幣400元

經典永恆・名著常在

五十週年的獻禮——經典名著文庫

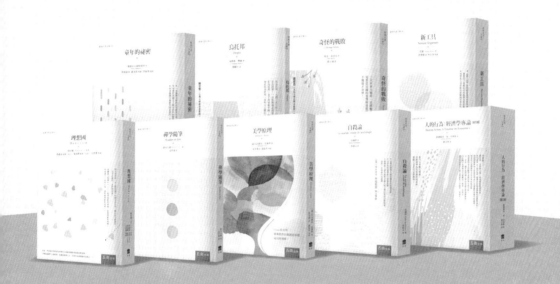

五南，五十年了，半個世紀，人生旅程的一大半，走過來了。

思索著，邁向百年的未來歷程，能為知識界、文化學術界作些什麼？

在速食文化的生態下，有什麼值得讓人雋永品味的？

歷代經典・當今名著，經過時間的洗禮，千錘百鍊，流傳至今，光芒耀人；

不僅使我們能領悟前人的智慧，同時也增深加廣我們思考的深度與視野。

我們決心投入巨資，有計畫的系統梳選，成立「經典名著文庫」，

希望收入古今中外思想性的、充滿睿智與獨見的經典、名著。

這是一項理想性的、永續性的巨大出版工程。

不在意讀者的眾寡，只考慮它的學術價值，力求完整展現先哲思想的軌跡；

為知識界開啟一片智慧之窗，營造一座百花綻放的世界文明公園，

任君遨遊、取菁吸蜜、嘉惠學子！